まえがき

　国策にあぐらをかいて国民を見下す公僕（税金で養われる議員や公務員）ほど醜く、矛盾に満ち、また有害なものはない。20世紀前半、とくにアジア太平洋における15年戦争で、私たちは自他の多大な犠牲とともにそれを学んだはずだ。しかし戦後の日本は、政治や経済の分野で同じ過ちを続けてきたのではないか。時代や状況が大きく変わっても既定の政策を強行し、情報操作とデータ隠しと詭弁で異論を封じる政治家や官僚たち――。このたびの政権交代では、そんな政官業癒着（これに学〔界〕と報〔道〕を加えてもいい）のメタボ体質に、とうとう国民の堪忍袋の緒が切れた。

　グリーンピース・ジャパンの事務局長として見聞きしたなかでもっとも衝撃的な体験は、今回のクジラ肉横領告発をめぐる職員逮捕や家宅捜査ではなく、次の2件だ。

　2007年にはじめて国際捕鯨委員会（IWC）年次総会を傍聴して接した日本政府代表団のふるまいは、まさに異様なものだった。建前上の礼節を重んじる国際条約会議の場で、相手がG8加盟国であっても文字どおりの罵倒を浴びせる日本代表。会場の4分の1近くを占めようかという人数で日本から同行した捕鯨支持派民間人の方々が、日本代表の発言にばかりサクラよろしく一斉に拍手を送る。戦前の国際連盟脱退さえ連想させる強烈な排他的気分は、どこかの独裁国家と見間違えそうだった。

　国益を主張するのは独立国の正当な権利だし、国際条約会議での議論も堂々と行なうことに異存はない。しかし、国際協調を旨として他の分野ではおとなしすぎるくらい行儀のいい日本政府が、なぜIWCの場でだけ横暴ともいえる言動を見せるのだろう。私はそこに、年間1,000頭以上のクジラを捕殺する"調査捕鯨"という国際捕鯨取締条約の荒唐無稽な拡大解釈により、日本政府自身がIWCを機能不全に陥れている後ろめたさの病的な反動を見る。新政権が税金のムダづかいや天下り、そして国益を害する官僚の暴走にメスを入れていけば、日本の捕鯨政策はかならず変わるだろう。

2つめは、本書第3部の鼎談でアムネスティ・インターナショナル日本の寺中事務局長もしきりに憤る、青森地検の検察官と私のやりとりだ。当初は組織ぐるみの指示命令で行なわれたと決めつけていた検察官は冒頭、「被疑者としての聴取」だと凄みを利かせた上、開口一番、「捜査機関さえ令状がなければできないこと（証拠物件の入手）をNGOの分際でやったのは絶対に許せない！」と吐き捨てた。表面では冷静を装いながらも、私はこの言葉に腰を抜かすほど驚いた。その場できっぱりと反論できなかったのは残念だが、内心「正義の番人がこれでは日本は民主社会といえないな」と暗澹たる気分だった。逮捕・勾留中、もっと赤裸々な非民主的処遇や人権侵害に接したグリーンピース・ジャパンの佐藤と鈴木の気持ちは推して知るべし。
　詳しくは本文に譲るとして、政府・公権力を縛るための令状捜査を持ち出し、国民・市民による政府監視行為を「許せない！」とは、まったく論理が逆転しているではないか。民主社会における法の運用は国民主権、つまり国民・市民による政府のコントロールという権力の傾斜配分を踏まえるべきであって、公権力側の権力行使は十分に抑制されなければならない。その一端が、裁判所による捜査機関の令状審査手続きである（本来は）。
　それにひきかえ、フォルホフ教授らが紹介するヨーロッパ人権裁判所の法理と判例（本書第2部参照）は、「なるほど、民主社会での法運用はかくあるべし」と納得できるし、日本の現状に慣れた目からはウロコが何枚も落ちる。とりわけ、社会の主流でない主張にこそ公平に耳を傾けるべきだというまっとうな姿勢（すべての新しい考え方は最初、主流ではない）、得られた公共の利益と失われた利益とを公明正大に秤にかける本来の正義、そして政府・公権力による過剰な懲罰が国民・市民による政府監視を萎縮させることへの厳しい目は、大いに学ばされた。しかも、それが遠い話ではなく、日本も30年前に批准している国際人権規約と同じ土俵での運用なのだ。同規約の選択議定書（個人通報制度）や独立人権機関の設置、取り調べの完全可視化、証拠開示の徹底など、人権面での国際標準達成を公約した民主党政権に期待したい。
　グリーンピースの"本業"は、その名のとおり環境と軍縮の分野にあって、

法律や人権は専門ではない。しかし、非暴力に徹しつつも政府や大企業と大胆に渡り合う活動のスタイルは、各国でさまざまな裁判を生み出し、その多くに勝訴することで、市民社会にとっての法的地平を広げる役割を果たしてきたのも事実だ。私自身、このクジラ肉裁判から、日本と世界を考える新しい切り口をたくさん学んでいる。願わくば、本書と現在進行形のクジラ肉裁判とが、読者にとっても日本社会の未来を計る物差しとなることを——。

他方、アマゾン、南北極地、ニューギニアやアフリカの奥地など「秘境」とされる場所で行なわれる環境破壊の現場に立ち会い、貴重な目撃情報を世界に発信することは、グリーンピースの重要な活動の1つになっている。その意味で今回、当事者として「人権の秘境」と呼べる日本の警察・検察・司法状況を目撃したからには、その情報を広く国内外に発信して警鐘を鳴らすのはグリーンピース本来の責任の取り方ともいえる。国家権力が法を恣意的に運用する社会で、環境と平和を守るのは難しい。

最後に1点、日本でグリーンピースにつきまとう「テロ」という言葉について。絶対非暴力を貫き、国連の総合協議資格を持つ世界有数の国際NGOをテロリスト呼ばわりするのは、国策にケチをつけられた捕鯨官僚の腹いせだろうが、メディアまでそれに追従するのは解せない。国内にイスラム原理主義を抱え、実際に列車爆破事件が起こった英国のBBCでさえ、ガイドラインで「テロリストという用語は理解を助けるより妨げるバリアとなりやすく、客観的な用語としては使わないように」と定めている（日隅一雄著『マスコミはなぜ「マスゴミ」と呼ばれるのか』現代人文社、2008年刊）。言葉は真実を映すこともできるし、人を惑わすこともできる。メディアとNGO市民セクターは第4権力として、政府・公権力をチェックする役割を分担しているのではなかったか。

本書をきっかけに、環境と軍縮の問題に幅広く取り組み、調査・研究から政策提言まで、非暴力直接行動以外の側面でも世界屈指の活動を展開するグリーンピースにご注目いただければ幸いだ。

2009年10月
グリーンピース・ジャパン事務局長　星川　淳

刑罰に脅かされる表現の自由
NGO・ジャーナリストの知る権利をどこまで守れるか？

目次

1 **まえがき** 星川 淳（グリーンピース・ジャパン事務局長）

第1部 「クジラ肉裁判」とは何か？
6

- *6* はじめに
- *8* **コラム1** "調査捕鯨"とは？

11 **1 "調査捕鯨"の不正を告発して逮捕**
――何が起きたのか？
佐藤潤一（グリーンピース・ジャパン職員）

- *12* **コラム2** 内部告発者のインタビュー（抜粋）
- *19* **コラム3** グリーンピースとは？
- *22* **コラム4** 告発前、水産庁も土産はないと断言

24 **2 NGO活動家にはジャーナリストと同様の調査活動の自由がある**
――クジラ肉裁判における弁護側の自由権規約に基づく主張
海渡雄一（弁護士）

- *31* **資料** クジラ肉裁判の経緯

第2部 ヨーロッパ人権裁判所の判例に学ぶ

ジャーナリストとNGOの表現の自由はどこまで守れるか？
［講師］デレク・フォルホーフ氏／インゲール・ハート＝ラスムッセン氏
32

1　デレク・フォルホーフ氏による講演から　*33*
2　講演会における質疑応答から　*47*

第3部 ［鼎談］クジラ肉裁判の隠された本質

［発言者］星川 淳／寺中 誠／日隅一雄
56

はじめに　*57*
事件に対する一般社会の冷たい反応とその背景　*57*
市民団体による調査活動はどこまで許されるか？　*61*
刑事司法という権力にさらされて　*65*
クジラ肉裁判の隠された本質的問題とは？　*68*
表現の自由・知る権利の本当の意味　*71*
むすびに——私たちは今後どうするか？　*76*

第1部

「クジラ肉裁判」とは何か？

はじめに

　2008年5月15日、国際環境NGOグリーンピース・ジャパンの職員である佐藤潤一は、約158億円（「Sink or Swim : The Economics of Whaling Today」WWF, WDCS 2009年6月）もの税金が補助金として投入されてきた"調査捕鯨"事業において高価なクジラ肉の横領・横流しが長期にわたり行なわれていた事実をつきとめ、東京地方検察庁に調査捕鯨船団の乗組員12名を刑事告発した。この告発に際して、佐藤らが告発した船員のうちの1人が実際に捕鯨母船から自宅へ隠すように送った高級クジラ肉23.5キロを輸送途中で確保し、それを証拠として提出したため、各報道機関は大きくニュースで取り上げた。

　しかし約1ヵ月後の2008年6月20日、警視庁と青森県警は、横領行為への強制捜査をしないまま佐藤と同職員の鈴木徹、そしてグリーンピース・ジャパンに対する強制捜査に踏み切った。佐藤と鈴木の2人は逮捕され、70名以上といわれる大がかりな捜査員を動員しての家宅捜査は6カ所におよんだ。2人が横領行為の証拠としてクジラ肉を持ち出し、東京地検に提出した行為を窃盗としたのである。しかもその同日、東京地検は、佐藤らが告発した船員らについては不起訴を決定。入念に計画されたかのような佐藤と鈴木の逮捕と、告発に対する不起訴決定は、捕鯨船団におけるクジラ肉横領疑惑を覆

い隠すかのごとく大きく報道されたが、その内容は逮捕された2人とグリーンピースへの批判一色といってよかった。

　その後2人は、窃盗罪と建造物侵入罪で起訴され、26日目に保釈される。この起訴を受けて、2人の無罪を争う裁判が「クジラ肉裁判」である。国内では、「過激で暴力的な」グリーンピースという団体が、捕鯨反対のためにでっちあげた嘘を、違法な行為におよんでまで真実に見せかけようとしただけとの誤解すらある。また、このような行為をした2人が「無罪」を求めること自体を批判する人もいる。このブックレットの読者にも、そうしたイメージが植えつけられているかもしれない。しかし、海外では2人の行為への反応はまったく異なる。政府が直接関与する事業における不正を暴こうとしたとして評価されているのだ。

　私たちの多額の税金が費やされてきた"調査捕鯨"において、これまでまったく公にされなかった怪しいクジラ肉の配布や持ち出しがあったことは事実だ。その事実を指摘した2人だけが強制捜査の上、なぜ逮捕・起訴までされなければならないのか。これは、市民が政府を監視する義務の実行行為として認められないのだろうか？　この問いに対する答えは、まだ国内には存在しないのかもしれない。しかし、市民の「表現の自由」と「知る権利」をより高いレベルで保護しているヨーロッパでは、「外形的に違法行為であっても、その行為がもたらした公共の利益が違法性と比べて大きい場合には、いくつかの条件下で違法行為を罰しないことが認められる」という趣旨の画期的な判例が、ヨーロッパ人権裁判所などで積み上げられてきた。世界でもっとも影響力の大きい国際環境NGOの1つであり、法的にもさまざまな先端事例を切りひらいて市民社会の発展に貢献してきたグリーンピースが、日本の司法に著しく欠けている要素だと指摘し、被告人両名の弁護団が裁判の主要な争点として挙げる「国際人権保護の視点」とは何か？

　この裁判では、NGO、ジャーナリスト、そして市民による「公共の利益」に寄与する調査活動において、どのような行為・手段が許容されるかが問われているだけでなく、日本の司法が真の民主主義を踏まえた市民活動に国際的な人権基準を適用できるかが問われている。

コラム1　"調査捕鯨"とは？

　世界88カ国（2009年8月現在）が加盟する国際捕鯨委員会(IWC)は、1982年に商業捕鯨の一時中止決議を採択しました。日本も1987年に南極海での商業捕鯨を中止しますが、そのかわりに国際捕鯨取締条約が例外として認めている「調査のための捕鯨」を拡大解釈して「商業捕鯨の再開をめざすための"調査捕鯨"」を同年秋から開始します。しかし、そもそもその科学性が疑わしいこと、さらに最近になって大型商業捕鯨を行なっていたニッスイなどの企業がその再参入を放棄したことなどから、その存在意義が失われています。"調査捕鯨"の実施主体は、財団法人日本鯨類研究所（鯨研）です。鯨研は水産庁から許可を受け、さらに毎年10億円程度の国庫補助金を受けて、絶滅危惧種を含む1,000頭以上のクジラを南極海と日本の沿岸などで捕獲・調査しますが、クジラを捕るための船を持っていません。そこで、捕鯨船とその船員を抱える共同船舶株式会社（共同船舶）に委託し、クジラを捕獲しています。委託を受けているのは日本国内で共同船舶の1社だけで、事実上の独占的な国営事業です。

　鯨研は、捕獲したクジラ肉の加工・販売も共同船舶に委託しています。スーパーや居酒屋で見かけるクジラ肉は、違法なクジラ肉でなければ、共同船舶が鯨研から委託を受け、市場などに販売しているものです。このクジラ肉の売り上げは、共同船舶の取り分を除いて鯨研に渡され、その運営費として使われます。

　こうした日本の捕鯨は"調査"という名目ですが、巨大な海上精肉工場である母船日新丸をともなっています。捕獲したクジラはその日のうちに解体され、切り分けられ、さらに箱詰めのうえ冷凍され、日本の市場経由で居酒屋などで販売されます。

　このような"調査捕鯨"は世界各国から強い非難を浴びています。"調査捕鯨"で得られたデータが世界の科学者に広く共有されないことや、その科学精度が非常に低いことで、世界中の科学者から「科学とはいえない」と強い批判にさらされています。「調査のための捕鯨」ではなく、「捕鯨のための調査」になっ

てしまっているのです。

　この他、南極条約で保護された海域（"調査捕鯨"の海域と重なる）において捕鯨船団の燃料補給を行なうこと、母船の日新丸の船体が氷との衝突に強いダブルハル（二重構造）ではなくシングルハルのまま航行を繰り返していること、大量のクジラ解体残渣を投棄することなども、貴重な南極地域の環境保護に逆行するものとして国際社会から批判されています。また、IWCでの捕鯨支持拡大ないし維持のために、ODA関連の予算をカリブ海、アフリカ、アジア太平洋地域の小国取り込みのために使ういわゆる「票買い」も、税金の使い方として正しいのか疑問視されています。

《調査捕鯨トライアングルの問題点》
"調査捕鯨"は1987年秋に始まって以来、次ページの図のような同じ仕組みで行なわれていますが、長期にわたる事業特有の問題点があります。それは、「調査捕鯨トライアングル」（水産庁・鯨研・共同船舶）がそれぞれ互いの利益と癒着し合っている点です。相互に持ちつ持たれつの利権関係が、"調査"の名のもとに捕鯨を続ける1つの要因となっています。問題のポイントをまとめると次のようになります。

1. 水産庁の元官僚が鯨研の理事長を務めている（天下り先確保）。
2. 水産庁からの補助金は、事業内容を問われることなく毎年鯨研に支払われている。
3. 鯨研は共同船舶の主要株主の1つ。
4. 鯨研と共同船舶は同じビルに事務所をもつ一体的な組織。
5. 鯨研は、もともと商業捕鯨を行なう民間企業の社内研究所として設立。「クジラを捕ること」が大前提の研究所。
6. クジラ肉が水産庁職員（捕鯨の監督官）や、鯨研職員、共同船舶職員などに無償で配布されるなどの癒着がある。
7. 無償で配布された「お土産」だけでなく、大量のクジラ肉横流しの常態化も内部告発者が指摘。

図解　調査捕鯨トライアングル

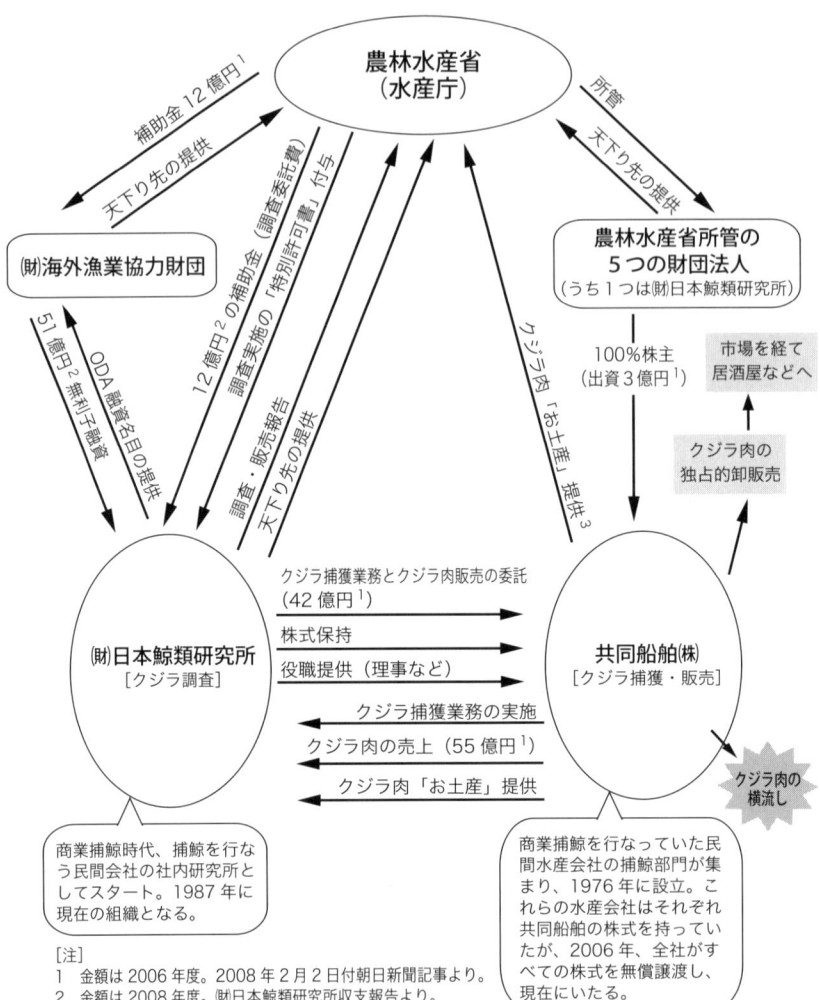

```
                        農林水産省
                        （水産庁）
         補助金12億円¹ ↗         ↘ 所管
         ←天下り先の提供          ←天下り先の提供
    ㈶海外漁業協力財団                          農林水産省所管の
                                              5つの財団法人
                                              （うち1つは㈶日本鯨類研究所）
         ↕ 12億円²の補助金（調査委託費）「特別許可書」付与
         ↕ 調査実施の
         ↕ 調査・販売報告
         ↕ 天下り先の提供
         ↕ 51億円² 無利子融資
         ↕ ODA 融資名目の提供
                                              100%株主
                                              （出資3億円¹）
                                                          市場を経て
                                                          居酒屋などへ
                                                          ↑
                                                          クジラ肉の
                                                          独占的卸売

                                         ↑ クジラ肉「お土産」提供³

    ㈶日本鯨類研究所    クジラ捕獲業務とクジラ肉販売の委託    共同船舶㈱
    ［クジラ調査］    （42億円¹）→                        ［クジラ捕獲・販売］
                     株式保持 →
                     役職提供（理事など）→
                     ← クジラ捕獲業務の実施
                     ← クジラ肉の売上（55億円¹）
                     ← クジラ肉「お土産」提供
                                                          クジラ肉の
                                                          横流し
```

商業捕鯨時代、捕鯨を行なう民間会社の社内研究所としてスタート。1987年に現在の組織となる。

商業捕鯨を行なっていた民間水産会社の捕鯨部門が集まり、1976年に設立。これらの水産会社はそれぞれ共同船舶の株式を持っていたが、2006年、全社がすべての株式を無償譲渡し、現在にいたる。

［注］
1　金額は2006年度。2008年2月2日付朝日新聞記事より。
2　金額は2008年度。㈶日本鯨類研究所収支報告より。
3　2009年4月15日付読売新聞記事より。
※　"調査捕鯨"の問題点については、星川淳著『日本はなぜ世界で一番クジラを殺すのか』（幻冬舎新書、2007年）も参照のこと。

1 "調査捕鯨"の不正を告発して逮捕
―― 何が起きたのか？

佐藤潤一（グリーンピース・ジャパン職員） Junichi Sato

内部告発がすべての始まり

すべての発端は、内部告発でした。

2008年の初旬、日本の調査捕鯨母船「日新丸」に乗っていたという元船員からグリーンピース・ジャパンのオフィスに電話があり、「内部告発をしたいので会ってほしい」と求められました。

告発者に会って最初に聞いたのは、「南極海で（捕鯨母船から）クジラ肉を大量に捨てていることが許せない」ということでした。彼自身は"調査捕鯨"に参加していたわけですから、そもそも反捕鯨の立場ではありません。捕るのならクジラは全部使うべきで、大量に捨てるのはけしからんということだったのです。

さらに「捕ったクジラ肉の管理はずさんで、船員たちが盗んでいても見て見ぬふり、それもかなりの量および、持ち出して市場に流した分だけで家を建てた人もいるという噂があるくらいだ」と教えてくれたのです。彼は、自身が捕鯨母船に乗っていたときの写真も持っていました。その写真と、彼が語ってくれた内部事情や、調査捕鯨母船内の労働条件などの話からも、ほぼ間違いなくその情報が信頼できるものだと感じました。

しかし私たちは、他の船員からの証言や、実際にクジラ肉を南極海で廃棄している現場、船員がクジラ肉を盗んでいる証拠を得られなければ告発として成立させるのは難しいと考え、彼の告発内容を裏づけるための調査を始めたのです。

3カ月以上にわたる調査のなかで、別の元船員にも接触することができました。その船員も「クジラ肉を廃棄しているし、また船員がクジラ肉を盗んでいる」と証言してくれました。さらに、一緒に調査をしていた鈴木らが

日本各地のクジラ肉屋や飲食店を回りましたが、行く先々で「船員さんが持って帰ってきますよ」という証言を得ることもできました。

> **コラム2** **内部告発者のインタビュー（抜粋）**
>
> **佐藤**：今回証言くださる内容をなぜご存知なのかということと、今回なぜ証言してくださったのかという理由をお聞かせください。
>
> **告発者**：私、実際、共同船舶のほうで、南極海で捕鯨のほうに、調査のほうに乗っていましたので。なぜ言おうと思ったのかというと、調査という名のもとで結構な量のクジラの肉を捨てていたという事実があるんでね。これはちょっと調査じゃないんじゃないかという、ちょっと疑問を持ちましてね、これは良くないということで、感じて話したくなったということなんですけども。
>
> **佐藤**：クジラの肉を捨てていたというのは、具体的にはどういうような形で行なわれたのでしょうか？
>
> **告発者**：グリーンピースやらシー・シェパードの妨害活動で捕れない時期があったので、急遽、急いで捕らなきゃならないという状況になって、1日にミンクで20頭以上捕ることが多かったんですよ。そのときにはほとんど、20頭以上あがったときには、ときにはほとんど、雑肉ですかね、コギレとかムナサンとかいう雑肉はもう手が回らないんで、次の日までそのままあるんですよね。朝7時になったら次の新しいクジラがあがってくるもんですから。その次は捌（さば）ききらないで、処理しきれなくて全部捨てちゃうんですよね。約ミンク1頭から350キロくらいの雑肉がありますから、20頭で、単純計算で7トンくらいは捨てていると。
>
> **佐藤**：それを見ていた船員さんたちは、どういうふうに具体的に思われていたのでしょうか？
>
> **告発者**：何人かは捨てるぐらいなら捕るなという話はしていましたけれども、それを上に訴えるわけじゃないですけどね。内輪だけではね。捨てるぐらいなら捕るなよ、という話はしていましたね。

佐藤：やっぱり捕ったほうとしてもそれが捨てられるというのは（嫌ですよね）？
告発者：それは嫌ですよね。ずっとクジラに携わってきた人にしてみたら嫌なことですよね。
佐藤：もうかなり無駄にしているという感じですか？
告発者：もう調査捕鯨でなく、商業捕鯨みたいな感じですね。
佐藤：それ以外に船員が何か悪いことをしているということはご存知でしょうか？

2008年5月の情報提供者とのインタビュー。共同船舶のユニフォームを着て。（写真提供：© Greenpeace）

告発者：これはもう、多分、伝統的なものだと思いますけど、乗組員のほとんどがクジラ肉、ベーコンの畝須なんか、全部勝手に自分で塩漬けして持ち帰っています。もうこれは相当な量、みんな持っていっています。全員ではないですけども。若い人はそんなに興味ないけども。ある程度歳いった人は皆、持ち帰っています。
佐藤：具体的には、歳いった人っていうのはどういう職種につかれている方なのでしょうか？
告発者：ほとんど製造、製造の人ですね。製造の人がもうほとんど。
佐藤：具体的にどれくらいの人数の方って思われますでしょうか？
告発者：日新丸でしたら150人乗っていたら、ほぼ120、130人の規模で皆さんが200キロ300キロのクジラ肉やらベーコンやらを持ち帰っていますね。生産の頭数にはない肉ですよね。
佐藤：つまり、公式に発表されるクジラのトン数とはまた別のものですね？
告発者：以外、それ以外ですね。これはずっともう昔からやっているみたいです。
佐藤：これは皆さんが知っているというような状況ですか？
告発者：そうですね。それぞれが皆知っていますけども、公には言わないですけどね。それぞれが暗黙の了解でやっています。共同船舶の社員もいますけども、見てみないふりしているみたいなものです。

横領クジラ肉の追跡調査

　2008年4月15日の早朝、南極から551頭のクジラを捕獲して日新丸が東京に帰ってきました。そこで、私たちはその日新丸から降ろされる荷物を追跡し、告発者の証言を確認しながらクジラ肉が船員個人の自宅へ配送される状況を追跡して、ビデオカメラに収めようとしました。

　実際、現場の状況を見ると、告発者から聞いた話のとおりにすべて事が運んでいきます。日新丸が入港した当日の昼すぎには運送会社である西濃運輸が来て、船員がトラックに大量の箱をバケツリレーのように手渡します。これらの箱は、正規のクジラ肉製品が入っているものと明らかに異なっていて、個人宅に送られる荷物だと一目で識別できました。それが西濃運輸の配送所に運ばれます。私たちはその配送所にも行きましたが、すぐ隣には一般の荷物を送る場所もあるので、ターミナルを私たちが通ってもとくに止められることはなく、ここでほとんどの伝票を確認することができました。これによって、告発状には横領の疑いがある人たちの実名を書くことができました（実名は被告発人のプライバシーを考慮して一切公開していません）。

　伝票を見ると、怪しい箱を送っている人たちは、告発者から聞いていた名前ばかりでした。しかも、クジラを解体する担当者、つまりクジラ肉を勝手に持ってくることができる「製造手」という職種の人たちに限られるのです。

　それらの箱には「段ボール」あるいは「黒いナイロン」、「塩物」などと書かれた伝票が添えられていました。また、箱が開けられないように箱の周りをビニールで包んだりしてありました。日新丸に船員が乗り込むのは広島県の因島(いんのしま)という場所なのですが、乗り込む前に船員さんたちが宅急便の箱と、漬けるための塩を各自大量に発注するそうで、出航前には因島じゅうの宅急便の箱がなくなってしまうという話もあるそうです。

　製造手のなかでもクジラ肉を持ち出すとされる船員の多くが北海道、青森、長崎に住んでいるということは、告発者から事前に聞いていました。実際、多くの箱の行き先は北海道、青森、長崎で、私たちはそのうち青森へ向かったのです。

伝票番号や事前の調査により、北海道や青森行きの箱は、青森の配送所をだいたい翌日に経由することがわかっていました。青森の配送所の前に着くと、日新丸の荷下ろしの際に見た特徴のある箱がたくさん重ねて置いてあるのが見えました。もともと私たちは荷物を持ち出すつもりはなく、当初の調査の目的は、箱が個人宅に届き、その個人宅からお店に売られる様子をビデオ撮影することでした。しかし、目の前には見るからに怪しいものばかり並んでいます。それがいったん個人宅に届けられてしまうと、「これは昨年のものですよ」とか「買ったものですよ」とか、いくらでも言い逃れができてしまうでしょう。そこに調査の弱点を感じていました。

　入手した箱は23.5キロで、相当重いものですから、走って持ち出したりすることはできません。西濃運輸の従業員もいましたし、とくに隠すわけでもなく、その場の判断で堂々と運び出しました。

　この箱の送り主であり受け取り人でもある船員が、クジラ肉を横流ししていると疑われる製造手の1人だということはわかっていましたし、内容物は「段ボール」と書いてあるのに、こんなに重いはずがありません。すべてが水浸しにでもなっていないかぎり、段ボールが23.5キロになどなるわけがありません。個人の荷物としては明らかに異常な重さだったのです。

　その時点では、中身を確認したらすぐに返そうと思っていました。もちろん、箱を持ち出し中身を確かめること自体、事前に計画していたことではないので、ハサミやカッター、ガムテープなどは一切持っていません。そこで箱をホテルに持ち帰って中身を確認し、それから返すことにしたのです。

　なかを見ると、写真のとおり非常に大きなクジラ肉の塊が出てきました。不正に取得したものであることは明らかでした。そこで、これを返してしまったら横領の手助けをすることになると判断して、きちんと捜査当局に届け出るべきだという結論にいたったのです。

東京地検への告発

　その後、告発の準備をするために、内部告発者に依頼して証言をビデオ・インタビューにまとめたり、クジラ肉に関連するいろいろなお店を回ったり

して、さらに調査を重ねました。調査チームの1人が、日新丸到着の数日後に到着港近くの寿司屋へ行くと、「新しいクジラ肉が入っているよ」といって、実際にお店で出されたこともあります。正規のクジラ肉は水産庁などが価格を調整するため、6月以降にならないと実際には販売されませんから、そもそもこの時期に寿司屋で出てきてはいけないのです。また、水産庁にも問い合わせましたが、「船員がクジラ肉を持ち帰ることはない」と断言しました。

　これらを証拠としてまとめ、告発用のレポート（『奪われた鯨肉と信頼』グリーンピース・ジャパン 2008年5月）を作った上、持ち出した箱と告発状をセットにして東京地検に告発したのです。それが5月15日でした。

　告発直前に記者会見も開き、ニュースでも広く報道されたので、横領を疑問視する報道とともに「証拠物は無断で配送所から持ち出されたものではないか」という声も上がり始めました。その日、私は箱を持ち出した青森の配送所に電話をして、「ニュースでご覧になったかもしれませんが、そちらからなくなった荷物は私たちが持ち帰ったものです」と伝えています。電話対応された方は、何を言われているのかわからないようでしたが、私の連絡先を残しました。しかし翌日、その運送会社が被害届を提出したというニュースが流れ、青森県警が窃盗事件として捜査を開始したのです。横領については東京地検、窃盗については青森県警と、双方で捜査が始まったことになります。

　私たちに対する捜査もありうることは最初から承知していたので、自分たちの調査行動については書面にし、青森県警と東京地検に提出しておくことにしました。その書面には、取り調べがあるならいつでも出頭しますということも含めて、だれがいつどこで何をやったか詳細に記し、告発後1週間以内に提出しました。にもかかわらず6月20日に逮捕されるまで、青森県警からは何の音沙汰もありませんでした。

　東京地検には私が何度か足を運んで、追加の資料を渡したりしていました。逮捕前日の6月19日にも、それまで面識のなかった新たな内部告発者から横領の不正を訴える手紙が届き、同日中に東京地検へ資料提供しています。そのときには担当検事も、「まだ横領についての捜査は続けていますよ」と語っていました。

しかし同日の夜、私のもとにTBS（テレビ局）の記者から電話がかかり、「佐藤さん、逮捕状が出されたようなのでコメントをください」と言われて、私と鈴木が逮捕されるということを知らされます。

すでに提出した書類で、取り調べの必要があればこちらから出向くと伝えてあったこともあり、次の早朝にそのまま新宿署に行こうとその目の前にあるホテルに泊まりました。そこで弁護士と相談して、私と鈴木と弁護士との3人で新宿署に行くことにし、朝7時に待ち合わせました。ところが、朝6時半すぎに鈴木がホテルに入った途端、警察が踏み込んできて、私たちは逮捕されました。

グリーンピース・ジャパンの事務所から押収物を運び出す青森県警と警視庁の捜査員。2008年6月20日共同通信社配信記事より（写真提供：Ⓒ共同通信社）。

逮捕と同時に、西新宿にあるグリーンピース・ジャパンのオフィス、私と鈴木の自宅、もう1人別の職員、そして事務局長の自宅とグリーンピース・ジャパンの会議用分室の計6カ所に家宅捜索が入りました。オフィスへの家宅捜索では経理書類やサーバーなども押収され、約1カ月後に戻ってくるまで、経理とWEB担当者は仕事が滞ったそうです。

容疑はおよそ5万円相当の窃盗でしたが、逮捕当日の捜査員はオフィスや自宅前も含めれば70名ほどいたのではないかといわれています。

私自身、逮捕前1カ月ほどの間は、つねに後ろをだれかにつけられているのを感じていました。また約1週間前から、だれかが私の自宅前で見張っているというのもわかっていました。ただ、東京地検の捜査も進んでいると思っていたので、そちらが先かなと期待もしていました。ところが、逮捕と東京地検の不起訴決定とは同日でした。私たちが逮捕された日に、横領事件は不起訴となったのです。2つの捜査は、ある程度連携していたということでしょう。

逮捕報道

逮捕の直後、警察から聞かされた最初の一言が「長いつきあいになるので、よろしくお願いします」でした。

逮捕後、新宿署に連れて行かれましたが、そこから青森へ移送される途中、マスコミの報道はすさまじいものでした。移送中は顔をジャンパーのようなもので隠すようにも促されましたが、東京地検の告発からすべて顔を出して実名でこの問題に取り組んでいることもあり、顔を隠しませんでした。

新宿署の地下駐車場から出てくるときは、地上の光とともにすさまじい量のフラッシュが光ったのを今でも鮮明に覚えています。これには、自分が殺人などの重罪を犯したのかと錯覚すらおぼえました。

また青森行きの新幹線に乗車した上野駅では、構内を手錠と腰紐をつけられたまま歩かされ、ホームにいたマスコミに写真を撮られました。さらに、私たちが乗り込もうとした新幹線にもすでにマスコミが乗っていて、新幹線のドアが開いた瞬間に目の前にはテレビカメラが数台待っているという状況でした。どの新幹線のどの車両に私たちが乗るということまで情報がリークされ、マスコミは事前に東京駅からカメラマンを乗り込ませていたのでしょう。新幹線内で座っている間もカメラを向けられました。八戸駅で青森行きに乗り換えるのですが、そこでもまたマスコミが待ち構えていました。「逮捕者＝犯罪者」というイメージが強い日本社会では、逮捕報道が与える影響が多大なものであることを考慮すべきだとつくづく感じました。実際、この報道で私の家族や親族は大きな影響を受けました。

オフィスの家宅捜索にも異常なまでの報道陣が詰めかけ、家宅捜索を実況中継も含めて報道したそうです。ここでの報道内容がバランスの取れたものでなかったことは容易に想像できますが、船員の業務上横領疑惑はグリーンピースの職員逮捕と家宅捜索のニュースにすり替えられたのです。

勾留と取り調べ

青森県警に到着後、拘置所に入れられてまもなく接見禁止がつき、弁護士

> **コラム3** **グリーンピースとは？**
>
> 　グリーンピースは国際的な環境保護団体です。世界でもっとも著名な環境保護団体の1つであり、国連環境計画のオゾン賞保護賞なども受賞しているほか、NGOが得られる国連での最高のステータスである総合協議資格を早期に与えられた団体です。気候変動、原生林伐採、海洋汚染、有害化学物質などの幅広い環境問題に取り組んでいます。捕鯨に対するスタンスも、今は中止されている商業捕鯨が、世界中の鯨類と海洋生態系のバランスを崩してきたこと、また現況のまま商業捕鯨が再開されればさらなる破壊をもたらすことから、その中止の継続を求めています。また、日本の捕鯨については、南極海のクジラ保護区で「調査」といいながら絶滅危惧種を含む1000頭近いクジラを捕獲し、それを市場で販売していることから、「科学調査」ではないとして、クジラを捕殺しないで行なえる本当の科学調査への転換を求めています。
>
> 　最近では、南極海で日本の捕鯨船に薬品入りのビンを投げる映像がニュースなどで取り上げられたため、「シー・シェパード」というアメリカの団体とグリーンピースが混同されることも少なくありません。これは、シー・シェパードの代表であるポール・ワトソンがグリーンピース設立当時のメンバーの1人だったことにも起因していますが、ポール・ワトソンはグリーンピースを1977年に追放されており、その後は一切グリーンピースとの関係はありませんし、シー・シェパードもまったくの別団体です。グリーンピースは、自他の生命身体を傷つけない平和的かつ非暴力の直接行動に徹しています。

を除く外部との接触ができなくなりました。

　勾留期間中はほぼ毎日、朝・昼・晩と3回の取り調べを受けました。勾留期間を延ばすためなのか、事実関係を認めているにもかかわらず同じことを何度も聞かれました。鈴木は東京地検の不起訴決定に抗議して、ハンストと黙秘を続けました。それもあって、彼は私の1.5倍くらい取り調べの時間が長かったそうです。

取り調べでは、事件当日の詳細の話までたどり着くのにひどく時間がかかりました。最初は、グリーンピースがどんな団体で、どこからお金が出ていて、今回の事件もだれかの指示でやったのではないのかといった質問が主でした。団体としての犯罪ということを立件したかったのでしょう。取り調べを受けている調書内容が都合よく解釈され、マスコミにリークされたこともありましたし、新聞報道の内容を取り調べで聞かれることもありました。

　勾留は結局、26日間におよびました。起訴されたのが7月11日、保釈は15日でした。起訴後に保釈申請をしたのですが、なかなか保釈決定が下りず、下りても検察が準抗告するので、裁判官が再度保釈決定を出した後の夜中に保釈されました。保釈が下りるのか下りないのかの決定を待ちながら、房の畳に敷かれた布団のなかですごしたあの夜の長かったこと、今でも忘れません。

　保釈後もその条件が厳しく、グリーンピースの職員とは基本的に会うことができませんでした。実際、私は2009年4月まで9ヵ月間、弁護士を介してでないと一切職員と連絡をとることができなかったのです。4月に保釈条件が緩和され、今はオフィスに出勤することができます。ただ、鈴木と調査に参加したもう1人の職員とは、今も弁護士事務所以外では会うことも話すこともできません。

長期化する公判前整理手続き

　2008年7月の起訴からすぐ、この裁判は合議体（3名の裁判官）によって審理が行なわれるとの通知がきました。その後、青森地裁は検察側の要請があったとのことから、公判前整理手続きによって裁判を進めることを提案します。弁護団は、公判前整理手続きが非公開で行なわれることなどの理由でそれに反対しましたが、結局、公判前整理手続きに付されることになりました。そして、7ヵ月後の今年2月になってようやく公判前整理手続きが始まったのです。

　裁判員制度の導入で、公判前整理手続きについて一般の認知度も上がったとは思いますが、この制度には良い点も悪い点も両方あるといわれています。非公開で行なわれることから、密室裁判ではないかという批判がある一方、

証拠の開示を今までの裁判よりも広く弁護側に認める点が良い点だとされています。

　現在（2009年10月）の段階でも、まだ公判前整理手続きは終了していません。窃盗罪に問われている裁判ケースで、ここまで公判前整理手続きに時間がかかるのは非常に珍しいそうですが、公判前整理手続きの証拠開示のところで揉めていることが理由です。検察はただの窃盗ということにしたいので、船員がクジラ肉をどのように入手したかについての関連証拠は持っていても、開示する必要がないというのです。

　私たちがクジラ肉を確保したのは横領を告発するためです。証拠として提出したのだから、そのクジラ肉がどこから来たものなのかが裁判で審理されなければ、私たちの裁判は公平に行なえないというところで争っています。しかし3回目の公判前整理手続きの段階で、裁判官から、「この問題にまったく触れないということはできないので、できるかぎり任意で証拠開示するように」と検察側に指示が下りました。4回目の公判前整理手続きは6月17日でしたが、その数日前に初めて、荷物の所有者や、私たちが告発した12名、そして財団法人日本鯨類研究所（鯨研）や共同船舶株式会社（共同船舶）の供述調書の一部が出てきたのです。しかし、その重要な部分のほとんどが白くマスキングされていました。検察側の言い分では、「（横領事件とは）関連性のない部分を消している」ということなのですが、まったく逆で、関係のあるところばかりが消されているように思えるのです。この点を公判前整理手続きで弁護側が厳しく指摘すると、検察官は「これ（＝開示）はサービスですから」と言い、まったく聞く耳を持ちませんでした。部分的でも開示したという事実だけで済ませようというのが検察側の意図なのでしょう。

　2009年7月17日、この開示が不服であるとして、弁護側は青森地裁に証拠開示の裁定請求を行ないましたが、結局、青森地裁は検察側の意見をそのまま鵜呑みにして弁護側の請求をすべて却下します。それを受けて2009年8月13日、弁護側は仙台高裁に即時抗告を申し立てました。しかし9月28日、高裁もこれを棄却したため、10月5日に最高裁に対して特別抗告を行ないました。

　公判前整理手続きは次回が11月、その次が来年1月と決まっています。

> **コラム4** 告発前、水産庁も土産はないと断言
>
> 　2008年5月15日、佐藤らが東京地検に船員12名を告発する前、水産庁は船員がクジラ肉を持ち帰ることはないと断言していました。
>
> **水産庁遠洋課課長（当時）の成子隆英氏との電話記録**
>
> **2008年5月8日11時58分頃**
>
> **佐藤：**6月に決定する（クジラ肉販売）価格がありますよね。それが決まればすべての肉はその価格で販売されるという形になるわけですよね。
>
> **成子課長：**そうです。各部位ごとに細かい統一単価を決めますんで。すべてそれで卸売市場に出ていくということになるわけです。
>
> **佐藤：**つまり、6月前には一切販売されないというわけですよね。
>
> **成子課長：**ええ、まだ価格も決まりませんので、販売しようがありませんので。
>
> （中略）
>
> **佐藤：**たとえばですね、昔、話に聞いたことがあったのですけれど、商業捕鯨時代にですね、船員さんが（クジラ肉を）お土産として持ち帰ることがあったみたいなお話を聞いたことがあったのですけれど、そういうことって今の調査捕鯨では基本的にないですよね。
>
> **成子課長：**ないです。極めて（流通が）限られていますから。
>
> **佐藤：**そうですよね。いわゆる公的なクジラ肉というかたちでやっているわけですものね。
>
> **成子課長：**そうです。

　公判はいつから始まるのか、まだ確定していません。

裁判の争点

　事件の争点はある程度絞られてきています。窃盗に当たるかどうか、正当行為として認められるかどうか、私たちの行動が憲法に定める表現の自由で保障されるかどうか、そして市民的及び政治的権利に関する国際規約（自由権規約）に定められる表現の自由で保障されるかどうか——この4点です。

これら4点の争点のほとんどについて、私たちが確保したクジラ肉が横領されたものかどうかを判断しないかぎり、公平公正に審理することは難しいというのが弁護側の立場です。私たちが横領をでっち上げて荷物を持ってきたとすれば、そもそも正当行為とはいえないでしょうし、持ち出したクジラ肉が横領されたものならば正当行為であり、表現の自由で保護される対象になるのではないかという議論が成り立つからです。日本も30年前に批准した自由権規約では「表現の自由」が広く認められていますが、その権利の行使が認められるためには、誇張などがなく事実に基づいて調査を行なっていたということが大前提になります。その上で、個人的利益のためにやったのではないといったことが明らかになって初めて、「表現の自由」による保護が認められるそうです。このことからも、私たちが確保した箱が一体どこから来たのか、きちんと審理してほしいと思います。

捕鯨、そして国際人権の視点から市民の権利を考える機会に

　捕鯨問題は一般の市民生活との接点が薄いためか、環境問題のなかでも遠い問題といえるのかもしれません。これまで私たちが捕鯨問題を訴えると、どうしても西洋vs東洋という図式で、文化の違いに議論がすり替えられがちでした。しかし、問題点はもっと違うところにあります。"調査捕鯨"にまつわる利権構造や、税金の無駄使い、その非科学性、そして事業の維持継続により、環境破壊の影響をもっとも受けやすいとされる南極海を国際社会がクジラ保護区（サンクチュアリ）と定めたことを有名無実化してしまっている点が議論されるべきです。私はこの裁判を通して、捕鯨問題を「イデオロギー対立」から、「税金を使って本当にやる必要のある事業なの？」と冷静に考えるきっかけにしてもらえればと思っています。

　その上で同時に、日本における市民の「知る権利」や、NGOおよびジャーナリストの社会における監視役としての重要性も問い直せたらと期待しています。

2 NGO活動家にはジャーナリストと同様の調査活動の自由がある
――クジラ肉裁判における弁護側の自由権規約に基づく主張

海渡雄一（弁護士） Yuichi Kaido

はじめに

　2008年7月、青森地検は国際環境NGOグリーンピース・ジャパン所属の佐藤潤一・鈴木徹の2名の職員に対して、クジラ肉入りダンボール箱を盗んだなどとして住居侵入・窃盗の罪で起訴しました。この裁判については、現在青森地裁において公判前整理手続が進められています。

　私たち（海渡雄一、日隅一雄、只野靖）は、佐藤被告人らの依頼を受け、5月15日に内部告発者である共同船舶日新丸元乗組員によるクジラ肉横領の事実などを証言したビデオ、2人の確保したクジラ肉入りダンボール箱などを証拠として業務上横領事件の告発を行ないました。ところが、この事件は1度の強制捜索も実施されることなく6月20日には不起訴とされ、同日2人は逮捕されてしまい、7月11日には起訴されるに至ったのです。私たちは、逮捕以降は2人の弁護人として事件の弁護に当たってきました。起訴から約14カ月が経過し、事実関係にはほぼ争いがなく、争点としては、窃盗における不法領得の意思の有無、刑法上の正当行為の成否、被告人らの行為について刑事責任を問うことが自由権規約第19条によってすべての人に対して保障されている情報を受ける自由を侵害するかどうか、おなじく、憲法21条に定める表現の自由を侵害するかどうか、の4点に絞られつつあります。

問われている行為は何か？

　本件では、内部告発を受け、2人がその裏づけのため、追跡調査活動を行なっていたところ、その過程で、西濃運輸のトラックターミナルに立ち入り、日新丸の船員が自宅に送ったクジラ肉1箱を確保した行為が起訴の対象とされています。

　このような行為の目的は、国際的にその法的評価が分かれているわが国の

"調査捕鯨"活動において、船員によるクジラ肉の持ち帰りという横領行為が行なわれていることを、現に横領され自宅に送られる途中であったクジラ肉という動かぬ証拠をもって告発することでした。検察官も公判前整理手続きにおいて、被告人らにこのような目的があったことは争っていません。

自由権規約委員会の見解

ここで被告人らの予定主張のうち、自由権規約に基づく主張を取り上げて解説したいと思います。自由権規約第19条2項は、表現の自由には「自ら選択する他の方法により……あらゆる種類の情報及び考えを求め、受け及び伝える自由を含む」と規定しています。規約は日本国憲法と異なり、取材の自由を明文で認めているのです。

2008年10月、自由権規約委員会は、日本政府に対する総括所見[1]の26項において次のように勧告しています。
「政府に対する批判的な内容のビラを私人の郵便受けに配布したことに対して、住居侵入罪もしくは国家公務員法に基づいて、政治活動家や公務員が逮捕され、起訴されたという報告に、懸念を有する。」
「締約国は、規約第19条および25条のもとで保障されている政治活動やその他の活動を警察、検察官および裁判所が過度に制限することを防止するため、その法律から表現の自由および政治に参与する権利に対するあらゆる不合理な制限を撤廃すべきである。」

この勧告は、住居の平穏といった「他人の権利自由」を絶対視し、刑事処罰を通じて公的な問題についての表現の自由が過剰に制約される傾向が見られることに、厳しい警鐘を鳴らしたものです。

調査活動の自由は保障されるとする判例法理

NGOの活動家が、一般的な公共の利益に関する問題についての情報や思想を広めることによって国民的論議に貢献できるような活動を行なう際には、ジャーナリストに匹敵する表現の自由の保障が及ぶという法理は、ヨーロッパ人権裁判所においては確立された判例法理となっています。その先鞭をつ

けた著名な事件が「マック名誉毀損」または「Steel および Morris 対イギリス」事件です。イギリスにおいて、ロンドン・グリーンピース（被告人らが所属しているNGOとは関係ない）という市民団体がその配布物においてファスト・フードチェーンのマクドナルド社を批判したことに対して、巨額の名誉毀損損害賠償を求められた件について、同団体がヨーロッパ人権裁判所に申し立てたケースです。

　人権裁判所において、イギリス政府は、申請者がジャーナリストではなかったので「第10条のもとで報道機関に与えられる高い水準の保護を受けるべきではない」と指摘しましたが、これに対して裁判所は次のように判示しました[2]。

「しかしながら裁判所は、民主主義社会においては、ロンドン・グリーンピースのように小規模で非公式の運動グループであっても、自身の活動を効果的に実行できなければならないこと、そして、主流ではないこのようなグループもしくは個人が、健康や環境など一般的な公共の利益に関する問題についての情報や思想を広めることによって国民的論議に貢献できるようにすることについては、強い世間の関心が存在することを考慮している」。

　同様の判例は続いています。最近のケースとしては「Vides Aizsardzības Klubs 対 ラトビア」事件があります。ラトビアの首都リガにおいて、「環境保護クラブ」という名称のNGOが、リガ湾に面する砂丘の保護に関して市長を批判する決議を採択し、これが地元紙に掲載されたため、市長がNGOに対して訴訟を起こしたという事件です。ラトビアの裁判所では、NGOに対し市長への名誉毀損の損害について罰金を支払うよう判決が下されました。しかし、同NGOが申し立てたヨーロッパ人権裁判所では以下のように述べ、罰金刑を科することは、条約上の「表現の自由」規定に違反すると認定しました[3]。

　つまり、「関連分野を専門としている非政府組織（NGO）である 申立人（組織）は、環境保護法にもとづく『番人』の役割を果たしていたものである。ある団体がそのようなかたちで参加するということは、民主的社会では不可欠である」。そして、「ある団体がその仕事を効果的に行なうには、一般市民

が興味を抱く事実を伝えること、その評価を行なうこと、ひいては公共機関の活動の透明性に貢献することができなければならない」と述べたのです。

このようにヨーロッパ人権裁判所は、「一般的な公共の利益に関する問題」についての「情報や思想を広めること」によって、「国民的議論に貢献できる」ような活動をしているNGOには、報道機関と同様な表現の自由が保障されるとの判断を示しています。

調査活動の自由と刑事処罰：ヨーロッパ人権裁判所判例から

国際人権規約第19条とヨーロッパ人権条約第10条において人権制限が条約に反するかどうかを検討する場合には、第1に、この制限が法によって規定され、第2に、その制限が(a)他の者の権利または信用の尊重、(b)国の安全、公の秩序または公衆の健康もしくは道徳の保護という合法的な目的にかなっていなければならず、第3に、その制限が、「必要」（ヨーロッパ人権裁判所では「民主社会において必要」）でなければならない、とされています。

このなかで「必要性」の要件がもっとも重要です。自由権規約委員会は、ある国内法が「第19条の権利を制約するものとして効力を発する場合、当該法の施行および適用が問題となっている目的のために必要であり、その目的に見合っているということ、かつ自由裁量によるものではないことが示されなければならない」と説明しています[4]。

この点について、さらにヨーロッパ人権裁判所の興味深い事例を2つ紹介します。1つ目は「FressozおよびRoire対フランス」事件です。2名のジャーナリストが、匿名の税務関係者による違法な情報漏えいを受けて、プジョー社の取締役の納税申告書を公表したことから、盗難資料を入手したとしてフランスの裁判所から贓物犯罪で有罪判決を受けたという事件です。ジャーナリストによる記事には、この取締役が不当な昇給を得ていたことが示されており、それは、プジョー社の労働者たちが昇給を要求し、これが拒否されたという労使紛争のさなかに発表されたものでした。そこで、人権裁判所は、以下のように判断し、両名に対して刑事罰を科すことはヨーロッパ人権条約第10条に違反するとしました[5]。

つまり、人権裁判所は、「取材に携わる個人は、法を犯すことを全般的に許可されているのではなく、個々の事例において、世間に情報が知らされることの重要性が刑法によってもたらされる利益にまさるかどうかを評価しなければならない」とし、2名のジャーナリストは、「透明性の高い方法で誠実に行動しており、納税申告書のコピーを入手するという犯罪行為が彼らの記事の信頼性を証明するのに必要であった」点、さらに「ジャーナリストとしての自身の職業を遂行する（倫理）基準に従って行動した。個々の資料からの抜粋は問題となっている記事の内容を裏づける目的があった」という点から必要性があると判断したのです。

さらに、外形的には違法行為でも、違法行為として責任を問うことがふさわしくないと人権裁判所が判断した最近の判例として、2008年2月の「Guja対モルドバ」事件があります。このケースでは、モルドバ検察庁の報道室長であったGuja氏が、政治家による不当な検察への圧力を証明するメモを、検察庁からの事前承諾なしに新聞社に渡したことにつき、内規違反で解雇されました。そこで、その解雇が「表現の自由」に違反しているかが争われたのです。Guja氏は、この解雇を不当としてモルドバ国内で解雇取り消しの民事訴訟を起こしていたが認められず、その後ヨーロッパ人権裁判所に訴えていましたが、同裁判所は以下のように述べ、Guja氏の解雇は第10条違反にあたると判断しました[6]。

「民主社会において、政府の行為や怠慢については立法機関や司法機関だけでなく、報道機関や世論などの緊密な監視の下に置かれなければならない。ある情報に関して市民の関心が特に高い場合には、ときに法的に科されている秘密保持の義務でさえくつがえすことができる」。

ヨーロッパ人権裁判所において「表現の自由」を争う事件の数は、1990～1999年には75件（うち38件が違反判決）でしたが、2000～2008年には460件（うち315が 違反判決）にも達しています。いまやヨーロッパ人権裁判所は、ジャーナリストやNGO活動家にとって取材・表現の自由を守る最後の砦となっているのです。

被告人らへの刑事処罰は自由権規約第 19 条違反

　被告人らがクジラ肉を確保したのは、多額の税金が費やされ国策として進められている"調査捕鯨"のなかで組織的なクジラ肉横領という行為が横行しているという公共の利益に関する事実を、公のもとにさらすためでした。また、被告人両名は、その調査活動において情報を入念に精査し、そして発表レポートにおいては情報源を秘匿するだけでなく被告発者の個人名を伏せるなどの倫理的配慮も行ない、目的を達成するために必要最小限の情報しか公にしていません。さらに、告発の際には証拠として確保したクジラ肉1箱を捜査機関に提出し、そして自らの行為についても包み隠すことなく上申書という形で捜査機関に任意提出し、その捜査に協力しました。

　このような活動形態は、NGO 活動家のプロフェッショナルな倫理原則に忠実なものであり、その行為態様は誠実なものです。被告人両名の告発が元となり、刑事捜査は実施されませんでしたが、"調査捕鯨"におけるクジラ肉の不正な流通が始めて明らかにされ、水産庁をはじめとする捕鯨関係団体はその改善を迫られたのです。

　このように、被告人らの行為によって失われたクジラ肉入りダンボール箱についての宅配便業者の占有という保護法益（検察官は本件において、クジラ肉入りダンボール箱の所有者の保護法益については主張していない）は、事件が公表されることによって得られた公共の討論への貢献という利益と比較すれば、相対的に低い利益です。

　したがって、本件について被告人らを逮捕し、勾留し、起訴したことは、自由権規約第 19 条が許容する「表現の自由」の規制の範囲を明らかに逸脱したものであり、被告人らを刑事処罰することは同条項に違反すると私たちは考えています。

環境 NGO の調査活動の自由を拡大するため、注目とご支援を

　以上の見解をまとめるあたっては、表現の自由とメディア法の権威である、デレク・フォルホフ教授の御教示を受けました。同氏は本件について、裁判所に提出するために鑑定意見書を起草して下さり、2009年6月にはヨー

ロッパ人権裁判所における表現の自由に関する判例法理を広めるため来日されました。同教授の見解については、本書の第2部をご参照ください。

　本件は単純な窃盗事件ではなく、NGOの行なう調査活動において、どのような行為・手段が許容されるかを問う、まさに表現の自由、知る権利という重要な人権保障をめぐる裁判なのです。ぜひ、多くの皆さんに注目していただきたいと思います。

［注］
 1 「規約第40条に基づき締約国から提出された報告書の審査：国際人権（自由権）規約委員会の総括所見」日本弁護士連合会編『日本の人権保障システムの改革に向けて——ジュネーブ2008国際人権（自由権）規約第5回日本政府報告書審査の記録』（現代人文社、2009年）162-163頁。
 2 「SteelおよびMorris対イギリス」、2005年2月15日、申請No.68416/01、第89段落　欧州人権裁判所。
 3 「Vides Aizsardzības Klubs 対 ラトビア」判決プレスリリース、2004年5月27日、申請No. 57829/00　欧州人権裁判所。
 4 「Gauthier対カナダ」1999年4月7日、情報No.633/1995 自由権規約委員会 CCPR/C/65/D/633/1995 第13段落。
 5 「FressozおよびRoire対フランス」、1999年1月21日、申請No.29183/95 ヨーロッパ人権裁判所。
 6 「Guja対モルドバ」、2008年2月12日、申請No. 14277/04 ヨーロッパ人権裁判所。

資料　クジラ肉裁判の経緯

2008年	1月	捕鯨船団元乗組員からクジラ肉横領の内部告発がグリーンピース・ジャパンへ。グリーンピース・ジャパン職員（佐藤潤一、鈴木徹ら）が調査開始。
	4月17日	船員たちの横領の証拠としてクジラ肉入りの箱を確保。
	5月15日	横領行為を東京地検に告発、『告発レポート』発表、クジラ肉入りの箱を証拠品として提出。
	5月20日	東京地検は告発を受理し、調査開始。
	6月19日	新たに寄せられた複数の内部告発情報を、追加の証拠として東京地検に提出。担当検事はさらなる調査を約束。
	6月20日	横領疑惑は不起訴処分、佐藤と鈴木が窃盗および建造物侵入容疑で逮捕、26日間の勾留。
	6月21日	世界中でグリーンピース・ジャパン職員2人の即時釈放を求めるオンライン署名開始。
	6月22日	募集開始後24時間で、世界各国から職員2人の釈放を求める署名が5万通を超える。
	6月30日	世界14カ国の日本大使館前で職員2人の釈放を要求する平和的な抗議活動が行なわれる。Asahi.comなどでも報道。
		世界各国から職員2人の釈放を求める署名が20万通を超える。
		各国日本大使館前で職員2人の釈放を求める平和的な抗議活動は合計34カ所に。
	7月10日	イギリス議会、クジラ肉横領スキャンダルを非難し、2人の勾留を憂慮する声明を発表。
	7月11日	佐藤と鈴木、窃盗および建造物侵入容疑で起訴される。
	7月15日	2人が保釈される。
	12月9日	国連の世界人権宣言の採択60周年を迎える12月10日に合わせ、南極海調査捕鯨の見直しと、クジラ肉の横領を追及した職員2人の公正な裁判を求める声を代表して、各国グリーンピース事務局長らが来日。麻生総理大臣へ要請書を届ける。
2009年	2月13日	公判前整理手続きが開始（2月13日、3月23日、5月15日、6月17日、8月4日と期日がある）。
	3月19日	国際人権法の分野で著名な弁護士リチャード・ハーベイ氏が来日、記者会見。「政府関係者による不正行為の情報について、市民の知る権利は最優先されなければならない。国営事業である調査クジラ肉の横領を明らかにした佐藤・鈴木の両名は、日本国民の公共的利益を守るために重要な責任を果たしたといえる」。
	6月18-22日	日本による自由権規約批准30周年に合わせ、表現の自由に関するヨーロッパの第一人者であるデレク・フォルホーフ教授と、弁護士でデンマーク・メディア評議会元議長であるインゲール・ハート＝ラスムッセン氏が来日講演。「ヨーロッパ人権裁判所であれば、（クジラ肉入りの箱の）持ち出しは公共の利益に資する行為であり、（法的に）問題ないと判断するだろう」（読売新聞青森版）。
	8月13日	青森地裁の証拠不開示決定に対して弁護側が仙台高裁へ即時抗告。
	10月5日	仙台高裁の抗告棄却に対して最高裁に特別抗告。

第2部 ヨーロッパ人権裁判所の判例に学ぶ

ジャーナリストとNGOの表現の自由はどこまで守れるか？

講師

デレク・フォルホーフ氏
ヘント大学（ベルギー）の政治・社会学部および法学部教授。ヨーロッパ人権裁判所における判例理論、メディア法、著作権法、ジャーナリストとメディアの権利と責任、表現の自由を専門とする。メディアの責任問題に関する著書多数。

インゲール・ハート＝ラスムッセン氏
コペンハーゲン大学（デンマーク）にて弁論法を教える一方で、教育学の学位を持つ弁護士でもある。1996年から2001年までデンマーク・メディア評議会の議長を務めるなど多方面で活躍している。

写真提供：© Greenpeace/Kazuya Hokari

1 デレク・フォルホーフ氏による講演から

※本稿は、2009年6月18日に、日本弁護士連合会で行なわれた
デレク・フォルホーフ氏の講演録を再編集したものである。

はじめに——国際的に見た日本の報道の自由のランクは？

　皆さん、こんにちは。本日は、日本弁護士連合会（日弁連）から、マスメディアに本来の機能、つまり市民に情報を知らせるという機能を発揮させるための方法についてヨーロッパでどのような動向があるのか、そしてヨーロッパ人権裁判所の判例についてご紹介する機会をいただきました。

　このような集まりで弁護士や市民の皆さんが集まって、人権の動向について話をするというのは、非常に興味深い、また意義のあることだと思っております。弁護士や人権擁護活動家というのは非常に重要な役割を担っていると考えています。民主主義を発展させ、人権の尊重を擁護すること、そしてよい生活ができるようにするという意味で、非常に重要な役割を果たしていますし、またよりよい、そしてより安全な世界にするという責務も担っていると思っています。

　今日のお話は、どのようにしたらより高い水準で表現の自由やメディアの自由を保障することができるのかということです。私はベルギー出身で、私のパートナーで今回、一緒に来日しているインゲール・ハート＝ラスムッセンはデンマーク出身ですが、私たちの出身国は伝統的に非常に報道の自由が保障されている国として知られています。スカンジナビア諸国やベネルクス諸国は、国際組織である「国境なき記者団」という国際組織による「報道の自由ランキング」で、常に高い地位を占めています。もちろん、これらの国々がまったく問題を抱えていないということではないのですが、一般的にいってこれらの国々では高い水準で報道機関の自由が保障されてきた伝統があります。この報道の自由に関するランキングは、次の3つの重要な要素に基づいてランクづけがなされています。

第1に、その国における法的な枠組みがどうかという要素です。どのような法律があるのか、またどのような法理が適用されているのかということが検討の対象になります。第2に政治的な独立性です。そして第3に経済的な環境のなかで経済的な自由がどの程度あるのか、メディア企業を起業することがどの程度容易にできるか、メディア企業のオーナーがどの程度多元的であるか、ということが検討されています。

　では、日本のランキングはどこに位置づけられているのでしょうか。このランキングは172カ国が対象となっており、上位10カ国はスカンジナビア諸国とヨーロッパの諸国で占められています。

　実は、日本は29位にランキングされています。最新データによると少なくともその前年の36位から比べると上昇しています。驚かれるかもしれませんが、ヨーロッパの一定の国々よりもよい順位になっています。たとえば、ヨーロッパで伝統的に民主主義国と考えられている国、ギリシアやフランス、スペイン、イタリアよりも、日本の順位は高いのです。また、日本はアメリカに比べても上位で、そのほか、トルコ、韓国、フィリピン、さらには中国といった国よりも上位です。北朝鮮は172位にランキングされています。これで日本がどのような位置づけにあるかということが、おわかりいただけたと思います。少なくともこのメディアの報道の自由について、国際的に日本は最下位ではありません。

　もちろんこれでよしとしてはいけない。満足できるような状況ではないですし、改善できるところもあると思います。今日は、私のほうから広めていきたいと思っている考えをご紹介して、日本が数年以内に上位10位に入るにはどうしたらいいのかということを、考えていただければと思っています。

　ただし、単に上位10位に入るという競争という観点からのみ申し上げているわけではありません。表現の自由やメディアの自由、社会の透明性ということは、その社会における真の民主主義の確立をもっとも担保するものであることは明らかですし、また持続可能な開発の手段でもあり、国民の生活向上にも寄与することも明らかです。こうしたことを達成するというのが本当の目的であり、課題であるので、それを達成するためにはどうしたらいい

かという国際的なスタンダードを、これからご紹介します。

ヨーロッパ人権裁判所とは？

　これからご紹介する国際的なスタンダードは、ヨーロッパ人権裁判所の裁判例です。その判例は、ヨーロッパ人権条約を枠組みとしています。ヨーロッパ人権裁判所はストラスブールにありますが、非常に重要な役割を果たしており、ヨーロッパにおける人権の監視役、最終的な監視役となっています。

　なぜこのヨーロッパ人権裁判所が、ヨーロッパにおける人権の尊重という場で非常に重要視されるようになったのかといいますと、ヨーロッパ人権裁判所には個人が申し立てをすることができるからです。つまりヨーロッパ人権裁判所の締約国に住んでいる市民であれば、究極的にヨーロッパ人権裁判所に対して申し立てをすることができます。

　また、このヨーロッパ人権条約というのはメディアの自由、表現の自由に対して大きな影響を与えていますが、これらの人権についてヨーロッパ人権裁判所が示した500以上の裁判例で示されています。これらの裁判例では表現の自由や民主主義、ジャーナリストの権利などが問題となりました。

　ヨーロッパ人権条約の性質ですが、これは第2次世界大戦以後、構築されてきました。ヨーロッパで、もともとは民主主義国家であったドイツが、独裁主義に走ってしまったというようなことに2度と直面しないで済むように、このような条約が整備されました。

　ヨーロッパ人権条約は1950年に発効し、その10年後、1960年にヨーロッパ人権裁判所が設立されました。そして約10年前の1998年に組織が改編され、常設の裁判所となりました。その前は年に数回、定期的に集まる、あるいは年に定期的に開かれるというような組織だったのですが、この裁判所は非常に人気が高く、その後常設にしようということになり、より多くの事件を扱えるようにということで常設の裁判所になりました。

　現在、ヨーロッパ人権条約の締約国は47カ国に上っており、これらの締約国内の人口は8億2,000万人に上っています。締約国の西の端にはグリーンランドやデンマークがあり、東の端にはロシア、あるいは元ロシアだった

アゼルバイジャンが含まれていますので、ヨーロッパのかなり幅広い地域に、このヨーロッパ人権裁判所の権限が及んでいることになります。

　当然、このヨーロッパ人権裁判所が確立した水準まで、すべての国々において人権を保障するというのは非常に大きな課題です。またもう1点強調すべきは、このヨーロッパ人権条約というのは締約国にとっては法的拘束力があるということです。ですから、ストラスブールにある人権裁判所で判決が出るまで待つまでもなく、このヨーロッパ人権条約は国内のいろいろな手続きで、あるいはその他の環境下で適用していく義務があります。

　また、この人権条約は各国の法的文化の多様性を認めていますので、国によって、条約以上により多くの人権を保障することが認められています。人権条約は、あくまで最低限、保障しなければいけない基準なのです。

　さらに、もう1点付け加えたいのは、このヨーロッパ人権条約で保障されている表現の自由は、突然、空から降ってきたようなものではないということです。ヨーロッパにはメディアの自由を尊重し、情報へのアクセスを認めてきた長い伝統がありました。スウェーデンでは18世紀から、フランスでは1789年のフランス革命以降、それぞれの国の憲法で保障されていました。

ヨーロッパ人権裁判所と表現の自由

　このヨーロッパ人権条約のなかで表現の自由にかかわる最も大事な条文というのは、ヨーロッパ人権条約の第10条です。この条文の主要な性質は、公権力によるいかなる介入、干渉も認めないというものですが、当然、社会的な要請から、特定の状況下では制限を課すことを認めています。特定の場合には表現の自由に対する制約を課してもよいとなっており、その条件が厳しく規定されています。その条件は何かというと、①制約をする場合はそれが必ず法定のものである必要があります。また、②条約に明文化されている正当な目的がなければなりません。そして、ここが一番重要な点ですが、③表現の自由に対して干渉することが、民主的な社会において必要でなければならないという制限があります。

　ヨーロッパ人権裁判所で第10条に関する件を扱ったケースは、当初は少

なかったものの、近年、非常に増えています。そして、ケースが増えているだけではなく、実際に判決において、第10条の侵害だと結論づけられた数も増えています。増えているということは、状況が悪化しているだとか、あるいは表現の自由に対する侵害の数が増えているということを意味するものでは、必ずしもありません。より多くのケース、より多くの事案が弁護士によって、ヨーロッパ人権裁判所に持ち込まれていることを意味しています。それはまさしく同裁判所が、メディアの表現の自由を非常に高い水準で保障しているということが示されてきたからです。

　この裁判所について非常に興味深い点は、条約が発効した1950年から今まで、この条約あるいはその条文そのものが本当に生きた条文となって、その時どきで適用されてきたということが示されている点です。第10条は、条約ができたころには存在しなかったような問題に対しても適用されています。たとえば、インターネットについて表現の自由の原理原則を適用するということに関し、裁判所は躊躇しませんでした。また、第10条の条文そのものには、ジャーナリストについて、あるいは取材源について何も規定していませんが、ヨーロッパ人権裁判所はジャーナリストにはその情報源を開示する必要がない、情報源を秘匿する権利があると明確に示しました。

　最近の動向について申し上げると、1つには内部告発者も表現の自由の保障を信じられる、あるいは表現の自由を享受することができるということを言っていますし、他方で公権力が持っている情報へのアクセスは、すべての市民に対して基本的な権利として保障されているということも判示されています。また、条約のなかでは政府や公的機関による検閲を禁止しているのみならず、これは私人にも適用されるということを言っており、個人の間、あるいは私企業との関係でも適用されるということが示されています。さらに、裁判所はヨーロッパ人権条約10条の保障の下に、デモをしたりビラ配布をする権利があるということを認めました。

　ヨーロッパ人権裁判所は、他の種類の人権との調整ということを示しています。表現の自由というものが一方でありますが、他方でプライバシーや公正な裁判、無罪推定という権利があって、その二者、すなわち表現の自由と

その他の諸権利とをどのように調整するかということについても、緻密に判例法を発展させてきました。

いくつかの裁判例では、メディアの独立性を保ち、メディアの多様性を保障すべきだということを強調しました。また、公権力に対しては検閲などをしないようにする、あるいは干渉しないようにするという消極的な義務があるだけでなく、積極的な義務があるということも認定しました。つまりメディアの多元性、表現の自由が保障されるような環境を、積極的につくり出す義務があるということを認定したのです。

具体的な裁判例をご紹介する前に、ヨーロッパ人権裁判所が示してきた伝統的な考え方について、まずご紹介します。どのような原理原則を用いているのか、どのような価値観を持って具体的な事件に適用し、表現の自由の侵害があったか、なかったかを判断しているのかについてお話します。

裁判所が適用している非常に本質的な価値観は、第1には、表現の自由は民主的な社会の不可欠な基盤ということ、第2に、個人の自己実現や成長に不可欠であるということになります。また裁判所は、多元主義や寛容さというものがなければ、民主主義、民主的な社会は成り立ちえないということを何度も強調しています。

また、裁判所がその判例法で示している基本原則には、次のようなものもあります。一般市民が特定の情報に対して有する利益が、法律上、課される義務、たとえば守秘義務などに優先するほど大きい場合もあり得る。また、ほかの裁判例では表現の自由というのは意見を表明する権利のみならず、情報を収集する、情報を求める権利も含まれるということが認定されています。この権利は国際人権規約の自由権規約の第19条にも明示されています。明文の規定があって、表現の自由には情報を求める自由も含まれています。

それから、ヨーロッパ人権裁判所の複数の裁判例で支持された考え方ですが、一般市民がジャーナリストによりしかるべき情報を知らされる権利を持っているということも強調されています。また、この一連の裁判例のなかでは、メディアが果たす監視役としての役割についても触れられています。また公共の利益に関するものや、政治的な議論に関するもの、民主的な社会

に必要なものについても言及されています。

さらに、裁判所の考え方で興味深いのは、萎縮効果に対する考え方です。ジャーナリストが有罪判決を受けたり、NGOのメンバーが起訴されたり、アーティストがある本を書いたこと、あるいはある絵を描いたことで収監されたり罰金を科されたりすると、ほかのジャーナリストやNGO、アーティストに対して萎縮効果を及ぼしてしまうということを、裁判所は重視しています。ですから、表現の自由というのは個人の権利のみならず、社会にとって重要な権利であるということが明確に示されています。

2つの裁判例において、ときに表現の自由というのは一般市民の感情を非常に害するような考えを示すこともあるということ、またそれを社会として受け入れなければならないということを明確に示しています。つまり感情を害するようなことを言ったり、あるいは衝撃を与えたり、動揺させる権利があるということを認めています。

約10例ある裁判例においては、ジャーナリストやアーティストにはメッセージを伝える上である程度は挑発的になったり、あるいは誇張したりしても、そのことで処罰をされてはならないということを認めています。もし、それが市民に対して、公共に対して情報を提供したり、警告をしたりするためであれば、その社会で何が起こっているかを伝えるため、あるいは自分のメッセージを表現するためであれば、そういったことを伝える自由も認められるべきだと認定しています。

ここで再度確認させていただきますが、ここまでお話してきた考え方は学者や活動家から出てきたものではありません。ヨーロッパ人権条約の締約国の47人の裁判官が発展させてきた、ヨーロッパ人権裁判所による法理なのです。

また、裁判所は次の2つの場合であれば刑罰を科したり、あるいは表現の自由に対して制限を加えたりしてもよいとしています。第1に、何かある物なり、人なりを告発したり、あるいは何かの嫌疑をかけたときに、その裏づけとなる事実がまったくないこと、つまり裏づけなしに誰かを非難したりする場合で、第2には、暴力の扇動、あるいは憎悪を煽るような場合です。こ

の2つの場合については、表現の自由に対する制限が課せられたとしても、裁判所はこれを認めるということをはっきり述べています。裁判所によれば、この2つの場合については、民主的な社会において差し迫った必要性があるとみなされるからです。また、裁判所は公権力機関などによる干渉が非常に恣意的であった場合は、非常に厳格にそれを判断します。

次に、不均衡な行為がなされる、つまり刑事罰が科されたりするということについても、裁判所は非常に厳しく見ています。特に名誉毀損などを理由に収監したりする、刑務所に入れるというようなことはしてはならない、と厳格に考えています。

といっても、認められる制約はあります。たとえば、非常に有名な裁判例[1]、非常に有名な裁判所の判断ですが、モナコの王女であるキャロライン王女がパパラッチに写真を撮られたことについて、人権裁判所に申し立てをしたケースで、結果は王女が勝訴しました。裁判所は、パパラッチが彼女の写真を撮って、それをタブロイド紙に提供したその行為は、キャロライン王女のプライバシーに対する侵害であると認めました。

ここで興味深いのは、裁判所が、キャロライン王女はまったく公的な職務に就いていなかったということを明らかにした点です。この点が強調されたということは、逆に、もし政治家だったり、あるいは政府の要職に就いている人物であったとしたら、その写真を撮るということについて、また別の結論になっていたかもしれないということです。

市民的な責任のほうが重要視されたもう1つの事例は、フランスの『パリマッチ』という雑誌が掲載した写真にかかわる事案です[2]。これは暗殺されたコルシカの政治的な役職に就いている人の死体の写真ですが、このような死体が掲載されたということについて、この暗殺された政治家の家族が、これは故人の尊厳に対する冒涜だということを申し立てたのですが、裁判所はその主張を認めました。

ジャーナリスト・NGO の表現の自由にかかわる主要な裁判例

それでは、ヨーロッパ人権裁判所の裁判例をご紹介します。

現代人文社の新刊書籍

ご注文は E-mail hanbai@genjin.jp
URL http://www.genjin.jp

えん罪 志布志事件 つくられる自白

真実と正義の勝利

日本弁護士連合会 編

GENJINブックレット 55

現代人文社

現代人文社の新刊書籍

ご注文は ●E-mail hanbai@genjin.jp ●URL http://www.genjin.jp

家裁調査官を

漫画「家裁の人」篤志面接委員少年院といった縁あって少年に出会う役目があるとすれば、目の前の少年たちに向かい苦しみや悩みを音楽や表現によって「私」を変化させることができるそのきっかけの方法を少年たちの前に立つこと

著者（あとがきより）

少年がなぜ

第1部 育て直しの歌
「少年よ、ワシを抱け！」

1 それはブルースの話で始まった
2 司書と可愛いと思われない仕事
3 法務教官という職業
4 お前ってごめんね相撲式
5 黄色い少年の出院式
6 ラップを作る
7 霞ヶ関院での作文指導
8 少年院の田町きをかけない
9 北海道沼田町社会復帰施設問題
10 「二二」の由来
11 少年院で
12 ミスジェニファとミカデラ
13 少年院は天才を育つ場所だ
14 少年院と青白い幻想
15 光市母子殺害事件を考えるジャーナル

第2部 法務教官インタビュー
法務教官という生き方

1 和田門臨薫高次さん
2 優雅さん
3 深田幸子さん
4 佐々木世さん
5 長田売世さん
6 藤藪雅俊さん
7 鈴給さん
8 越浦さん
9 斉伊藤智浄さん

第3部 小説法務教官
深瀬幸介の休日

1 醒笑明な朝
2 わからない男たち
3 目覚ます
4 銀の車輪回る
5 ハッセルの味
6 枇杷のたて手
7 木漏れ日インカ（蓋らの雨）

現代人文社の新刊書籍

ご注文は……
URL http://www.genjin.jp

簡単によめる 裁判員裁判の超入門書

裁判員裁判は、100年に一度あるかないかの大改革です。
それは、裁判官に会う絶好のチャンスでもあります。
本書では、そのチャンスをたのしいものとする
ヒントを差し上げます。

目次

裁判員となった国民一人ひとりが
生の裁判官を見るチャンス
毛利甚八(作家)

Step.1
裁判員をたのしむための
ウォーミングアップ(その1)
裁判員になってみよう

Step.2
裁判員をたのしむための
ウォーミングアップ(その2)
裁判傍聴にいってみよう

小説・マンガ・映画・
ゲームソフトから学んでみよう!

現代人文社

現代人文社の新刊書籍 ご注文は ◉E-mail hanbai@genjin.jp ◉URL http://www.genjin.jp/ 現代人文社

家裁判事・篤志面接委員 少年院という未知なる世界

漫画『家栽の人』との縁あって少年院に出入りするようになった僕に役目があるとすれば、目の前の少年たちに、苦しみや渇きを音楽や表現によって「私」と変化させることができるそのきっぱつけ方法を少年たちの前に立つこと。
著者あとがきより

少年がなお

第1 育ち直しの歌 「少年よ、ワシを抱け!」

1 それはブルースの語りから始まった
2 司法修習生として与えられない
3 お法務教官という仕事
4 私も法務教官という機構を考えたい
5 無花果の出院式
6 少年たちをワシよ抱け
7 鹿鳴館学院での杜会復帰
8 光海沼津沼田町の熟寮設問題
9 「三つの田町の働きをかけた
10 少年院の寮父ガイア
11 「少年ステップと柳番長」
12 少年院と米子養育の熱き場所にない
13 光市母子殺害事件の場を考えて
14 「少年事件」を巡るを考える

第2 法務教官インタビュー 法務教官という生き方

1 和門臨さん
2 藤原高次さん
3 深田幸子さん
4 佐々木世紀さん
5 長田幸雄さん
6 伊藤雅子さん
7 野田裕さん
8 演瀬鈴子さん
9 藤谷騰さん

第3 小説 法務教官 深瀬幸介の休日

1 誕生日の朝
2 笑わない男たち
3 望郷
4 キヨコの妻
5 純白のハンカチ
6 トレインが回る
7 漏れた日(養老院)

現代人文社の新刊書籍　ご注文は　URL http://www.genjin.jp

日本の人権保障システムの改革に向けて

ジュネーブ2008
国際人権（自由権）規約
第5回日本政府報告書審査の記録

日本弁護士連合会［編］

目次
発刊のことば（宮崎誠）

現代人文社

えん罪 恐怖症つくられる自白

GENJINブックレット 55
日本弁護士連合会 編

現代人文社の新刊書籍
ご注文は ◎E-mail hanbai@genjin.jp ◎URL http://www.genjin.jp
現代人文社

志布志事件とは何か？

毛利甚八（編著）・野平康博（監修）

志布志事件の問題点とその背景
野平康博・毛利甚八・小池振一郎

映画『つくられる自白』を撮りながら思ったこと
池田博穂

志布志事件 えん罪被害者との闘い
志布志事件をめぐる接見妨害国賠訴訟
畑中和夫・中山信一（インタビュー・編集）毛利甚八
末永隆男

えん罪防止のために取り組むべき課題
- えん罪・志布志事件 つくられる自白から学ぶえん罪の問題点と廃止に向けた裁判所の役割 松下良成
- 取調べの問題点と可視化に向けての提言 秋田真志
- 代用監獄の問題点と廃止に向けての提言 青木和子
- 野口事件からみるえん罪防止の課題 横光幸雄

A5判・並製・72頁　定価900円（本体＋税）
ISBN 978-4-87798-391-8 C0036
2008年10月刊

このブックレットについて

このブックレットは、日本弁護士連合会企画・製作のドキュメンタリー映画『つくられる自白』だけでは伝えきれなかった志布志の悲劇や、事件の全体像、日本の刑事司法全般にわたる問題点などを解説する目的で作成しています。是非、映画鑑賞とあわせてお読みください。

〒160-0004
東京都新宿区四谷2-10 八ッ橋ビル7階
電話 03-5379-0307　FAX 03-5379-5388
郵便振替 00130-3-52366

発行元
(株)現代人文社
発売元：(株)大学図書

E-mail...hanbai@genjin.jp
URL...http://www.genjin.jp
※小さへ直接お申し込みの場合は、代引き手数料200円を申し受けます（書店様を除く）。

第1部 第5回政府報告書審査をめぐる日弁連の活動

- 第5回審査にいたるまでの経過
- 日弁連の動きを中心に [武村二三夫]
- 審査直前から審査後の活動 [海渡雄一・田島義久]

第2部 第5回政府報告書審査の全記録

- 国際人権（自由権）規約第5回日本政府報告書審査の記録

（審査1日目）

1. 日本政府からの報告
2. リスト・オブ・イシューズに対する日本政府からの回答①
3. 委員からの質問①

（審査2日目（午前の部））

4. 委員の質問に対する日本政府からの回答①
5. 委員からの質問②
6. 委員の質問に対する日本政府からの回答②
7. リスト・オブ・イシューズに対する日本政府からの回答②
8. 委員からの質問③

（審査2日目（午後の部））

9. 委員の質問に対する日本政府からの回答③
- 自由権規約委員会委員リスト
- 日本の第5回定期報告書審査に関連して
- 検討すべき課題一覧（リスト・オブ・イシューズ）
- 規約第40条に基づき締約国から提出された報告書の審査：
- 国際人権（自由権）規約委員会の総括所見

第3部 総括所見の意義と今後の課題

座談会：総括所見の意義と今後の課題

1. はじめに―本座談会の主旨
2. 報告制度および総括所見の意義について
3. 個人通報制度と規約の裁判所における適用について
4. 国内人権機構と政府から独立した人権保障システムについて
5. 女性と子どもに対する人権保障について
6. 少数者保護と外国人差別について
7. 代用監獄と取調べの問題をめぐって
8. 死刑制度と刑事拘禁制度について
9. 表現の自由・選挙活動の自由について
10. まとめと今後の課題
- おわりに 人権発展への期待と日弁連 [田川寛次]
- 付録 CD-ROMについて

A5判／並型／224頁 定価3000円+税
ISBN 978-4-87798-423-6 C3032
2009年9月刊行

発行元：(株)現代人文社 〒160-0004 東京都新宿区四谷2-10 八ッ橋ビル7階
電話03-5379-0307 FAX 03-5379-5388
URL http://www.genjin.jp 郵便振替口座00130-3-52366

発売元：(株)大学図書

※小社へ直接お申し込みの場合は、代引は手数料200円を申し受けます（直送は除く）。

大人として初めて飛び込んだ
『コナン』の原作者が、
少年たちと向き合う世界。

表現できること、表現できないことの間にある空間を
埋めるために書き上げた。

毛利甚八 著
Mouri

少年院のこと

四六判・並製・288頁
定価1700円(本体)+税
ISBN 978-4-87798-383-3 C0036

毛利甚八（もうり・じんぱち）

1958年長崎県佐世保市生まれ。作家。
2003年より大分県の中津少年学院で
篤志面接委員として活動している。
代表作に『家栽の人』(小学館)などの漫画原作作品のほか、
ルポルタージュ『宮本常一を歩く』(上下巻・小学館)、
インタビュー集『裁判官のかたち』(現代人文社)などがある。

小社へ直接ご注文の場合は代引き手数料200円を申し受けます(書店様を除く)。

発行元：(株)現代人文社

○〒160-0004 東京都新宿区四谷2-10 八ツ橋ビル7階
○電話03-5379-0307 FAX03-5379-5388 ○郵便振替 00130-3-52366
○E-mail hanbai@genjin.jp ○URL http://www.genjin.jp

発売元：(株)大学図書

Step.4 裁判員をたのしむための最低限の予備知識（その1）
裁判員裁判の登場人物

Step.5 裁判員をたのしむための最低限の予備知識（その2）
刑事裁判の全体像を知ろう

Step.6 裁判員をたのしむための最低限の予備知識（その3）
検察官、弁護人の事前準備を知ろう

Step.7 裁判員をたのしむための最低限の予備知識（その4）
よい評議・わるい評議を知ろう

Step.8 裁判員をたのしむための最低限の予備知識（その5）
裁判官の決めぜりふに負けるな
あなたにもできる裁判員をたのしむための7つのヒント

●特別インタビュー
裁判官とはどんな人？——安原浩元裁判官に聞く

裁判員をたのしもう！
裁判員裁判の傾向と対策

2009年3月発売！

現代人文社編集部〔編〕
定価945円（税込） A5判・80頁・並製
ISBN978-4-87798-401-4 C0036

GENJINブックレット 56

小社へ直接ご注文の場合は代引き手数料200円を申し受けます（書店様を除く）。
〒160-0004 東京都新宿区四谷2-10 八ッ橋ビル7階 電話:03-5379-0307 FAX:03-5379-5388
郵便為替：00130-3-52366 URL:http://www.genjin.jp 発行元：(株)現代人文社 発売元：(株)大学図書

最初の例はアイスランドの事例です[3]。ある新聞に、レイキャビクの警察官は暴行を繰り返している「制服を着た野獣」であるという見出しの記事が載りました。実際に証拠はなかったのですが、そのような暴行が行なわれているという噂がありました。

　この記事を書いた人は有罪判決を受けたのですが、それに対してヨーロッパ人権裁判所はその判断は間違っていたと覆しました。裁判所は、その理由として、この記事を書いた記者の意図は、警察官の名誉毀損ではなく、そのような暴行が行なわれていることについて捜査を始めさせるものだったということを認定しました。ですからヨーロッパ人権裁判所は、記者に対する干渉は民主的社会では不必要だったと認定し、有罪判決は必要なかった、有罪とされるべきではなかったという判断を示しました。

　次の事例はフランスでの事例で、『カナール・アンシェネ』という新聞社の記者2名が刑事訴追され、その後の有罪判決を受けて、この記者2名がヨーロッパ人権裁判所に申し立てた事件です[4]。この事例では、フランスの財務省で秘密裏に保管されるべき税務申告に関する書類が、この新聞に掲載された記事によって開示されたのでした。この新聞の編集長とジャーナリストはフランスで有罪判決を受けました。機密情報の漏洩と、盗み出された情報をもとに記事を書いたということで有罪判決を受けたのです。

　ここで公表されたのはプジョー社の取締役の納税申告書でした。この取締役が2年間で45.9％の昇給を自らに与えていたことを示すこの2名のジャーナリストによる記事は、プジョーの労働者が昇給を要求して拒否されていた労使紛争のさなかに発表されたものでした。裁判所はこの事件の判決において以下のように判断し、両名に対して刑事罰を科すことはヨーロッパ人権条約第10条に反するとしました。「民主主義社会において報道機関が果たす不可欠な役割を認識しながらも、裁判所は、第10条がその保護を認めているという前提で、原則としてジャーナリストを通常の刑法に従うという義務から解放することはできないことを強調する。確かに、第10条2項は表現の自由の行使の限界を定義している。本件の特殊な環境において、世間に情報が知らされるという利益が、申請者に送付された資料の出所の疑わしさによ

41

りもたらされた申請者の『義務と責任』にまさるかどうかを判断しなければならない」。「つまり、取材に携わる個人は、法を犯すことを全般的に許可されているのではなく、個々の事例において、世間に情報が知らされることの重要性が刑法によってもたらされる利益にまさるかどうかを評価しなければならないのである」。「ヨーロッパ人権裁判所は、FressozとRoireが、透明性の高い方法で誠実に行動しており、納税申告書のコピーを入手するという犯罪行為が彼らの記事の信頼性を証明するのに必要であったと判断した」。「現在検討中の事例について、裁判所は、当該事件に関するFressoz氏とRoire氏の記事にも彼らの誠実さにも疑問がないことを指摘する。課税査定の真正さを検証したRoire氏は、ジャーナリストとしての自身の職業を遂行する（倫理）基準に従って行動した。個々の資料からの抜粋は、問題となっている記事の内容を裏づける目的があった。よって、納税申告書の公表は対象となっている事案についてのみならず、提供された情報の信頼性にも関係があった」。

　このように裁判所は、ジャーナリストは基本的には法律を守るべきであるが、この事件の場合、問題となった税務関係の書類というのは、当時、社会で起きていた議論に関係するものであって、非常に熱い議論が起こっていた件に関するものであったということを認定し、そのような場合、公共の利益のほうが刑法を執行するという利益を上回るという判断を示しました。

　その次の事例では、アザラシ猟が問題になりました[5]。ノルウェーで、ある記事が出版されました。ある船の乗組員が不法にアザラシ猟に関与しているということを書いたのです。この件でもヨーロッパ人権裁判所は、このジャーナリストを有罪にすることは民主的な社会では不必要であると判断しています。この記事の意図は、当局がアザラシ猟に出かける船について捜査を始めるように促すことでした。ですから、これは公共の利益が関与しており、そのような重要な利益がかかわっていたので、ジャーナリストがここで問題とされた記事を書いても、それについて刑事的な責任を負う必要はなかったということです。

　次のケースはスロバキアでのもので、ある放送局で違法に録音したテープを使って、実際に番組のなかでそれを流したという件でした[6]。この違法に

録音されたテープには、司法省の大臣と副首相との会話が録音されていました。このテープは、ラジオ番組のなかで流され、その当時、起こっていた大手の保険会社の民営化問題について、政府の非常に高いレベルから、政治的な圧力があったということを示すために使われました。

このテープが明らかに違法に録音されたものであったにもかかわらず、裁判所はこの件にかかわったジャーナリストを、起訴し有罪とすることは不必要だったという判断を示しています。彼らがやったことは国民が知るべき情報を知らせるということだったからです。

次のケースはブルガリアで起きたものですが[7]、ある学生がビラを配布したり、ポスターを掲示したり、書面を集めたりしていました。これはその人が司法大臣の政策に強く反対していたからです。彼が配ったパンフレットのなかには、この司法大臣はその年の1番の愚か者であるというようなことが書かれていました。その学生はビラを配っている最中に警察によって逮捕され、3日間身体拘束を受けました。そして、侮辱罪と無法行為（フーリガニズム）で起訴され、有罪判決を受けました。

これに対してヨーロッパ人権裁判所は、これは政治的な考えを表明しただけのものであり、政府の関係者に対する批判をしたにすぎないことを認定し、そのような行為はヨーロッパ人権条約の第10条によって保障されると認定しました。彼の行為は平和的なものであったし、暴力を扇動するようなものでもなかったとして、ただ単に政治的な見解を示していただけだということを認定しました。

また、ヨーロッパ人権裁判所は、この件について第10条違反だったという認定をしただけにとどまらず、彼を逮捕し、3日間身体を拘束したということは、ヨーロッパ人権条約の他の基本的な人権である人身の自由や、迅速な裁判を受ける権利（5条1および3項）も侵害していたと認定しました。たった3日間であってもその身体を拘束したということは、ヨーロッパ人権条約の違反だという認定がなされたのです。

あと2つの事例もご紹介します。まず、SteelおよびMorris対イギリスという事件[8]で、これは非常に興味深い事件です。ロンドン・グリーンピース

という団体に所属する2人の活動家に関する事件ですが、ちなみにこのロンドン・グリーンピースというのはグリーンピース・インターナショナルとはまったく関係がありません。この2人の活動家はよく知られた大企業、皆さんもご存じのマクドナルド社を批判していました。

　マクドナルドの労働政策やマクドナルドの商品について批判したところ、それが名誉毀損や文書による誹毀(ひき)罪に当たるとされました。この事件で非常に興味深いのは、ほかのいくつかの事件でも示されたことですが、ヨーロッパ人権裁判所がNGOにも表現の自由があるということを明示的に認定したということです。つまりNGOが環境や健康など、公共の利益に関する議論に寄与する権利があるということを認めました。

　ですから、表現の自由についての非常に高い水準の保障が、NGOにも及ぶということをはっきり示したのです。ヨーロッパ人権裁判所は、本件について文書による誹毀罪に問うということは、民主的な社会では必要ないという結論を下しました。またこの2人の活動家については、公正な裁判を受けていなかったという認定もしています。同じような判決がラトビアの首都リガにおいて、Vides Aizsardzības Klubs（環境保護クラブ）という名称のNGOについても出されています。このNGOがリガ湾に面する砂丘の保護に関して市長を批判する決議を採択しました。この決議が地元紙に掲載された後、市長はNGOに対して訴訟を起こしました。ラトビア国内の裁判では、NGOに対し市長への名誉毀損の損害について罰金を支払うよう判決が下されましたが、ヨーロッパ人権裁判所は、以下のように述べ、「表現の自由」規定に違反すると認定しました[9]。

「主な目的は、慎重を期する公共の利益の問題、すなわち、地方官庁が管理している重要部門における機能不全に公共機関の注意を引きつけることにあった。つまり、関連分野を専門としている非政府組織（NGO）である 申立人（組織）は、環境保護法に基づく『番人』の役割を果たしていたものである。ある団体がそのようなかたちで参加するということは民主的社会では不可欠である。そして、ある団体がその仕事を効果的に行なうには、一般市民が興味を抱く事実を伝えること、その評価を行なうこと、ひいては公共機

関の活動の透明性に貢献することができなければならない」。

　このように、ヨーロッパ人権裁判所は「一般的な公共の利益に関する問題」についての「情報や思想を広めること」によって、「国民的議論に貢献できる」ような活動をしているNGOには報道機関と同様な表現の自由が保障され、情報や思想を広めるために必要な情報を収集するための活動は、報道機関と同様の「取材の自由」の保障を受けるとしているのです。NGOの調査活動は、ジャーナリストの取材活動と目的が同じだと考えられているのです。

　次に、裁判所が内部告発者の権利を認めた最近の事例です。これはモルドバのGuja氏という地方検察庁の報道室長をしていた人の事例です[10]。彼はある手紙をメディアに対して漏洩したのです。この手紙の内容は、政府が大臣を通して検察官に対し、ある汚職をめぐる司法手続きについて圧力をかけていたというものでした。

　Guja氏は自分の業務、あるいはプロとして、あるいは専門職として得た情報を開示したということで解任されました。ヨーロッパ人権裁判所は、内部告発者に対しても表現の自由を援用することができるのかという質問に答えなければなりませんでした。

　この内部告発者が、その置かれていたような状況下で、メディアに対してこういう情報をリークするような地位になかった、あるいはリークしてはいけないかどうか、特定の状況下であれば可能なのでしょうか。

　ヨーロッパ人権裁判所がこの難しい問題にどのような答えを出したのか、見てみましょう。ヨーロッパ人権裁判所は初めて、このような状況で勤務していた公務員にも、政府が行なっている違法行為や不正について知らせる権利がある、表現の自由という権利があると認めました。ではその際、どのような判断を裁判所が示したのかと言いますと、特定の要件が充たされていれば、このような権利は認められるという判断を示しました。

　その要件とは、①ほかにこのような情報を開示する手段あるいはチャンネルがなかったということ、②明らかに公共の利益に関するものであったこと、③開示された情報の真正さが確実であって、この人の行為によってもたらされた損害が表現によって得られた利益と不均衡なものでなかったこと、④申

立人がこのような不正が行なわれているということを知らせる動機を持っていて、倫理的にも誠実に行動していたことが明らかであること、⑤そして最後に、その職務を解任されたという非常に厳しい制裁が、他の者に萎縮効果を及ぼしているということでした。

　ここまで、ヨーロッパ人権裁判所においていかに高水準の保障がされているかということについてご紹介してきました。そして、ヨーロッパ人権裁判所でこのような確立された判例があるということについてお話してきました。ここで、このようなヨーロッパ人権裁判所の動向について、さらにご質問やさらなる説明が必要であれば、それについてお答えしたいと思います。ご清聴ありがとうございました。

2 講演会における質疑応答から

※本稿は、2009年6月18日に日弁連で行なわれた講演会および翌19日に青山学院大学で開催された講演会での質疑応答を再編集したものである。

Q　グリーンピースのメンバーによって横領された疑いがあるとされたクジラ肉について、船員が自宅に運ぶ途中でグリーンピースのメンバーがそれを確保した行為をめぐり、それが窃盗行為であるということで逮捕・起訴されたことが現在、問題になっています。フォルホーフさんは、この事件について意見書を書かれたということですが、このケースについて、もしヨーロッパの基準で言うならばどういうふうに判断がされるでしょうか。

A（ラスムッセン）　フォルホーフ氏が説明したヨーロッパ人権裁判所の判例と照らし合わせながら考えてみたいと思います。

まず第1に、これは明らかに公共の利益に関係するケースです。国家は"調査捕鯨"と称して何をしているのか、"調査捕鯨"の実態は何なのか、殺したクジラの肉がどのように流通しているのか、これらを調査し明らかにするということは、公共の利益に関わってくるものです。

第2に、被告人とされた2人はこのような行動をする必要が本当にあったのか、という問いに対してです。内部告発者から情報を得て、運送会社の倉庫を訪問し、そこに一時保管されていたダンボール箱の中身をチェックしたところ、情報のとおり、調査捕鯨船から密かに日本国内に運び出されたクジラ肉の加工品を発見しました。そこで、事務所に持ち帰ったわけです。このような行動が後に窃盗罪で起訴されてしまうのですが、答えはイエスです。私たちは彼らの行動は必要だったと考えます。なぜなら、これまでもグリーンピースは日本の"調査捕鯨"を調査して報告も出そうと努力しましたが、決定的な証拠をつかむことができなかった。今回初めて信頼できる証拠物件を得ることができたのです。

第3に、これまで紹介した複数の判例で、ヨーロッパ人権裁判所はNGO

やジャーナリストが誠実な行動をとっているかどうかを重視すると説明してきました。今回のケースもまた、他人に危害を加えたり困らせることが目的ではなく、国の捕鯨について国民的な議論を喚起させることが目的でした。

A（フォルホーフ） そして第4に、人権裁判所が重視することは、彼らが犯した罪というのは軽微なものだという点です。彼らは、他人に打撃を与えたり、誰かを虐待したり、殺したりするような犯罪を犯したのではありません。

第5に、2人は、効果的で信頼できる証拠を得るためにきわめて適切に行動をした、と判断されます。

第6には、2人の行動の目的が、国民に情報を公開することだったという点は、とても重要です。それは効果的に行なわれました。物証を得て速やかに記者会見を開き、国民に知らせました。

第7に、2人はクジラ肉を持ち帰って売ろうなどという商売目的も持たず、センセーショナルなスクープを世間に売り込もうなどという目的を一切持っていませんでした。彼らは、以前からずっと捕鯨問題に取り組み、調査に努力していました。

また第8に、2人にとって有利な議論として、これまで捕鯨について情報を収集するのは大変困難だったことが挙げられます。政府はこのような情報を一切開示してきませんでした。NGOからの情報開示請求にもまったく応じてこなかったのです。これまで2人は情報収集のために努力していました。そしてようやく大きな成果を得たのです。

第9に、人権裁判所にとって重要となる要素と思われるのは、この証拠物件をすでにグリーンピースが検察庁に直接手渡して提出したこと、そしてさらなる捜査が必要であるとして検察庁に要請したことです。

最後に、第10には、ヨーロッパ人権裁判所にとってもっとも重要な議論となるのは、日本当局の取り扱いです。当局が行なったことは明らかに均衡を欠くものでした。2人の活動家は26日間も身体拘束され、警察では厳しい取り調べが行なわれました。さらにはグリーンピースの事務所や職員の個人の家にまで捜査が行なわれて、関連書類が押収されました。この日本の当局の反応とその後の刑事訴追は、今回のケースだけでなく、他のNGOやジャー

ナリストの調査活動に対しても萎縮効果をもたらすものです。

A（ラスムッセン） ここで、コペンハーゲンで起こった非常にエキサイティングな事件をお話します。

当時、デンマークでは空港のセキュリティシステムについて熱い議論が起きていました。このケースは、デンマーク国内の裁判所で審理が進められ、ついに最高裁判所まで行きました。

その被告人とされた活動家は、デンマークの空港のセキュリティがまったく安全ではないという主張をかかげ、実際に空港に出かけて、レストランで大きなステーキを注文し、それを平らげてステーキナイフを盗み出しました。それは大きなナイフでした。彼はそれを搭乗ゲートまで持ち込みました。彼には写真家が同行しており、そのナイフの写真を何枚も撮らせました。そのナイフが実質的に武器になることは明白でした。彼のアクションはそこで終わりです。

ところが、彼は窃盗の罪に問われていません。なぜなら、彼はナイフを所持したいとは思っていませんでしたから。ただし、空港内で武器を所持することは許されず犯罪とされ、裁判となったのです。けれども、彼が逮捕拘禁されることはありませんでした。家宅捜索されて何か押収されたこともありません。

そして、結果としてデンマークの最高裁判所は、彼は犯罪を犯したけれども処罰する必要はないと判決を下しました。なぜなら彼の目的が、空港のセキュリティシステムが安全ではないことを明らかにするためであって、ナイフを盗んだり、それで人を傷つけたりすることが目的ではなかったからです。このケースはヨーロッパ人権裁判所に持ち込まれることはありませんでしたが、デンマークの最高裁判所はヨーロッパ人権裁判所の判例を参考に判決を下したようです。

また、この活動家の行動の賜物として、デンマークの空港のセキュリティは一層強化されました。しかも、なんとレストランのお肉の質まで良くなったんです。大きなナイフは危険なので小さい安全なものに代えられました。つまり、そのようなナイフでもスムーズにステーキが切れるように上等なお肉が使われるようになったわけです（笑）。この活動家の行為は、最終的に

このような公共の利益をもたらしてくれました。

A（フォルホーフ） 今回の日本のグリーンピースの事件がヨーロッパ人権裁判所に持ち込まれたとしたら、今までに存在する判例法や基本原則からすると、警察や検察官の干渉は民主的な社会において不必要なものであり、不均衡なものだという判断が下されるのは明白ではないかと思います。

Q いわゆる「沖縄密約事件最高裁決定」[11]についてお尋ねします。この事件については、現在まで、そういう密約はなかったというふうに、政府の正式見解はなっていますが、その件について当時、この密約を暴いた西山さんという記者は、最終的に刑事事件で有罪となっています。この件については、ヨーロッパ人権裁判所の判例理論からするとどのようなことが言えるでしょうか。

A（フォルホーフ） この事件については十分に存じ上げませんが、もし政府間で市民の生活に非常に大きな影響を与えるような取り決めがなされているということである場合、あるいは日本の市民に対して非常に大きな影響を与え得るようなことが決められているという場合、かつ政府がその存在について否定しているという場合は、その問題についての幅広い議論を阻んでいるということになります。

　ですから、ほかの手段が試みられた後ならば、たとえば議会においての質問だとか、その他の手段がすでに取られていて、それがうまくいかなかったということであれば、最後の救済策としてほかの方法を使ってそのような取り決めの存在、あるいはその取り決めの内容の一部などを公に明らかにするということも、公共の議論を推進する上で認められるべきことであったのではないかと思います。

　ヨーロッパの例を紹介しますと、デンマークでは2人のジャーナリストが政府の機密文書を公にしたということがありました。この政府の文書は、イラクに大量破壊兵器があるということを示唆することにより、デンマークをイラクでの戦争に協力させるように仕向けたというような内容を含み、この文書を漏洩したジャーナリストは起訴されたのですが、デンマークの最高裁

判所は、政府が情報を操作し、国を交戦状態あるいは国を戦争の状況下に置いたという重大性にかんがみれば、これらのジャーナリストは政府の最高機密文書を公表したということがあったとしても、処罰されるべきではないという判断を示しました。

　デンマークの裁判所はこの結論を導く際に、ヨーロッパ人権条約を参照しています。ですから、ヨーロッパ人権条約が特定の国家に対して影響力を及ぼしているということが、ここでも見て取れます。

Q　それに関連する質問ですが、国の軍事的な秘密を守ることによる利益、あるいは外交秘密を守ることによる利益、一方で今言われたような報道することの利益との関係について、いったいどのように考えたらいいのか、もう少し詳しくご説明いただけませんか。

A（フォルホーフ）非常にデリケートな問題にかかわります。政府の情報収集活動ですとか、外交に関する情報または軍事秘密に関する問題について、ヨーロッパ人権裁判所は実際にこれまで扱ってきたことがあります。いくつかの事案において、特定の軍事に関する機密情報は機密にしておくことができると、メディアに対してリークしてはいけないという判断が示されています。というのは、国家の安全保障や実際に軍事活動にかかわっている軍隊にとって、そのような情報がリークされたときの危険性を考えると、あまりにもそれは重大であるからということで、そのような結論が採られています。

　けれども、政府がこのような議論を濫用してはなりません。さきほどご紹介したデンマークのケースでは、当時の具体的な状況を考慮して政府が機密文書は守られるべきだという議論を援用しましたが、ここで問題となっていた情報は、実際に戦闘地域にいるデンマーク兵士の生命に危害を及ぼすような可能性のあるものではなかったですし、それに対してこのような情報が公になることの公共の利益を考えると、そちらのほうがより大きかったという判断がされました。

　つまり、このリークされた文書に書いてあった軍事的な機密というのは、間接的なものでしかなかった、間接的に兵士の生命に対する危害を及ぼすよ

うなものでしかなかったという判断がされたので、その利益衡量のなかで反対側の対立利益のほうに重きが置かれたということです。

　別の事案では、あるジャーナリストが外交に関する書簡をリークしたということがありました。ある大使からの書簡がリークされたのですが、これはスイスでの事件で、当時、非常に熱く議論されていた問題にかかわるものでした[12]。

　このジャーナリストが有罪判決を受けたのですが、その理由はその書簡を公表したからということではありませんでした。その書簡の一部を選択的に選んで、それを再構成したので、書簡を送った大使に対して名誉毀損的な情報になったということが理由となり、有罪判決を受けたのです。その手紙に含まれていた情報をセンセーショナルな形で公表し、中身を少し誇張したり、大げさに変えたりして公表したというところが問題視されました。ですから情報を明らかにしたということ自体で有罪判決を受けたのではなく、公表に当たって誠実に行動していないということが理由で、有罪判決を受けました。

　また別の事案、ほんの数週間前に判断が示された非常に最近の例では、政府のコントロール下にある文書に対するアクセス権が認められました[13]。この事案はハンガリーの旧体制下のシークレットサービスに関するもので、非常にセンシティブな情報が地方当局によって明らかにされました。旧共産主義政権下のシークレットサービスについての文書だったのですが、これに対してヨーロッパ人権裁判所は政府やシークレットサービスが過去にどのような活動をしていたのか、どのような行為に関与していたのかについて、国民は知る権利を有すると認定しました。

Q　ジャーナリストや NGO による違法な行為を正当化できるような、一般市民の関心事、公共の利益といったものの認定は非常に難しいのではないかと思うのですが、具体的にはどのようにして公共の利益というものが判断されているのでしょうか。

A（フォルホフ）ヨーロッパ人権裁判所は、公共の利益というものを幅広く考えています。ある事柄が、公に一般市民の議論の対象になったら、その

時点でその事柄は公共の利益に関わることだと言えます。さらに、ある不正行為ないしは違法行為に関するもので、さらなる捜査が必要である場合は、ヨーロッパ人権裁判所は、これをハイレベルの公共の利益であると認定しています。

　クジラ肉事件の場合ですと、明らかに大きな公共の利益に関わることだと言えます。ノルウェーのアザラシ密猟事件やその他の事例で見てきましたように、ヨーロッパ人権裁判所は、環境保護やアニマル・ライトに関わる政策の議論も公共の利益に関わるものと認定しています。

　そのような公共の利益に関する議論を一般市民に広く喚起させるためには、ジャーナリストやNGOが調査した情報が必要になると考えられています。

A（ラスムッセン）このケースに関しては、"調査捕鯨"に税金が使われてきたということからも公共の利益になると言えると思います。国民の税金を使って何がなされているのかということは公共の利益にかかわります。

Q　ジャーナリストやNGOは、調査のために、どのような行為まで許されるのか、基準があるのでしょうか。

A（フォルホーフ）ヨーロッパ人権裁判所がどのように事件を扱ってきたかを引きながら、質問にお答えします。

　一般的には軽微な犯罪であれば許されると考えられていますが、表現の自由に関わる軽微な犯罪とは、守秘義務違反、違法に会話を録音すること、電話の会話を録音すること（盗聴）、持ち出し禁止の文書を持ち去ることといった調査・取材活動の一環でなされた行為であって、重大犯罪ではないのですから、それを理由にジャーナリストやNGOを処罰することは認められていません。けれども、ご想像のとおり、認められない行為もあります。たとえば、拷問して情報を得るような調査は許されません。また、こうした軽微な違法行為は別の重大な違法行為の証拠を明らかにするために必要で、均衡の取れたものでなければなりません。

　デンマークの最近の事例を紹介します。ヘアシャンプーに有害物質が含まれているという情報があり、ジャーナリストはそれが本当かどうか調べまし

た。2004年に放映されたテレビ番組で、魚が泳いでいる水槽にシャンプーを入れたらどうなるかという実験を行なったのですが、数日後、魚が死にました。それを見た獣医が、検察庁にアニマル・ライトの侵害だと申し立てました。そしてアニマル・ライトの保護法に基づき、このジャーナリストは2009年5月に有罪になりました（ただし、迅速な裁判を受ける権利が侵害されているとして罰金は科されませんでした）。裁判所は、水槽にシャンプーを入れなくても他の方法によって、シャンプーが有害かどうかを知らせることができたと判断しました。

　この判例が示唆しているのは、公共の利益に関する取材や調査であっても、十分に配慮されたものでなければならないということです。軽微な犯罪行為であっても、その行為に意味があり必要であり、均衡の取れたものでなければならないということです。

Q　ヨーロッパ人権裁判所が各国で出された判決を覆すことにはどういう意味があるのでしょうか。その場合、国内で出された判決は取り消されているのでしょうか。また、人権裁判所の判決は、どの程度効力があるのでしょうか。また、ヨーロッパ各国の国民はヨーロッパ人権裁判所の判決と国内の裁判所の判決をどのように受け止めているのでしょうか。

A（フォルホーフ）ヨーロッパ人権条約の第1条を引きながら、その質問にお答えします。第1条は、この条約は参加しているすべての国に対して法的拘束力があると規定しています。その国について、ヨーロッパ人権裁判所で条約違反が認定された場合は、国内法を変更する、あるいはその国内での法律の適用を変更する必要があり、その義務を負っています。すなわち、加盟国はヨーロッパ人権裁判所の判決に国内法を合致させる必要があるということです。加盟国は、ヨーロッパ人権裁判所が第10条やその他の条文を解釈したとおりに、または裁判所の解釈に基づいて、国内でも判断していかなければなりません。

A（ラスムッセン）実際は簡単なことではありません。数年前、デンマークのある教授で、この制度から脱退すべきだと主張する人がいて、議論になり

ました。表現の自由というものがありますから、このような議論をすること自体は問題となりません。

A（フォルホーフ）ヨーロッパ人権裁判所が特定の国に対して条約違反判決を下すと、それに関して追跡調査が行なわれます。ヨーロッパ人権裁判所の判決の施行を監督するのがヨーロッパ評議会です。そのなかに各国代表で作る委員会（Committee of Ministers）があり、当該判決がその後どうなったかを監視しています。この委員会の追跡調査によって、その国がヨーロッパ人権裁判所の判決に則した行為をしなかったという結論に至った場合、その報告が評議会に提出され議論されます。そして、評議会でヨーロッパ人権裁判所の判決を尊重しない国であるという決定がなされますから、その国の代表は肩身の狭い思いをすることになるわけです。

このシステムの基本的な考え方は、国を処罰することに重きを置いているわけではありません。その国に対し援助をすることを目的としています。どうすればヨーロッパ人権条約を遵守するに十分なレベルまで人権水準を引き上げられるか、どうすれば意識を高めることができるのか、その国の裁判官や弁護士、大学や警察に協力し、専門家を派遣して教育プログラムを実施するのです。

［注］
 1 von Hannover v. Germany, 24 June 2004
 2 Hachette Filipacchi Associés (Paris-Match) v. France, 14 June 2007
 3 Thorgier Thorgeirson v. Iceland, 25 June 1992
 4 Fressoz and Roire v. France 21 January 1999
 5 Bladet Tromsø and Stensaas v. Norway, 20 May 1999
 6 Radio Twist v. Slovakia, 19 December 2006
 7 Kandzov v. Bulgaria, 6 November 2008
 8 Steel and Morris v. UK, 15 February 2005
 9 Vides Aizsardzības Klubs v. Latvia, 27 May 2004
 10 Guja v. Moldova, 12 February 2008
 11 1978年5月31日最高裁判決
 12 Stoll v. Switzerland, 25 April 2006
 13 Kenedi v. Hungary, 26 May 2009, cf.Társaság a Szabadságjogokért (the Hungarian Civil Liberties Union) v. Hungary, 14 April 2009

第3部

[鼎談]
クジラ肉裁判の隠された本質

発言者

星川淳
グリーンピース・
ジャパン事務局長

寺中誠
アムネスティ・
インターナショナル
日本事務局長

日隈一雄
弁護士

はじめに

寺中 アムネスティ・インターナショナル日本（AIJ）の寺中です。アムネスティ・インターナショナル（AI）は、国際的な人権NGOとして活動しており、今回の事件についても、表現の自由の侵害という観点から注目しています。今日は、人権NGOの視点で、この問題は何だったのかということを捉えなおそうと思って参加しております。

星川 グリーンピース・ジャパン（GPJ）の星川です。グリーンピース（GP）は全世界40カ国にまたがり、環境と軍縮を主な活動のテーマに活動しています。全体を調整するグリーンピース・インターナショナル（GPI）がオランダのアムステルダムにあり、本部機能を果たしています。GPJは1989年から日本で活動をはじめて、今年20周年になります。昨年、今回の事件で逮捕・起訴された佐藤と鈴木らが行なった調査は、情報提供者の身体生命を守るために、非常に秘匿性の高いものとして進めていました。GPの組織構造上、事務局長が各キャンペーンの詳細に立ち入ることはなく、私もこの調査については少し離れて見守る立場でした。情報提供者を守るには、詳細を知る人間が少ないほうが安全という配慮もありました。しかし、今回の事態が包含している様々な問題にかんがみて、現在はGPJはもちろんGP全体で2人の無罪を勝ち取り、"調査捕鯨"の不正を暴くキャンペーンを展開しているところです。

日隅 今回の事件の弁護人の1人である日隅です。今回は、弁護人という立場から、そしてもう1つ、元新聞記者ですので、今回の事件はジャーナリストの活動、つまり調査報道活動にもかかわることなので、その視点からもお話したいと思います。なお、弁護人としての視点については、本書にもう1人の弁護人である海渡も執筆しているので、その補足ということでお話したいと思います。

事件に対する一般社会の冷たい反応とその背景

寺中 今回の行為については、入手したクジラ肉が、そもそも非合法なものだったということで、その後検察に届けるという、きわめて遵法的な行動を

とられている。にもかかわらず、入手したクジラ肉を検察庁に告発するところを広報したという戦略が、後で反感を生んだという面もあったというようにも見えます。

星川 一番初め、佐藤からクジラ肉の箱を確保したという電話を受けたときは非常に驚きましたが、形の上だけであれ国際社会の付託を受けた"調査捕鯨"ですから、そこで得られた標本のクジラ肉は少なくとも国有財産であって、あんなふうに私的に横流しされていくのはまったくおかしいし、国民のものを国民の元に戻す告発行為は正しいはずだと確信しました。

日隅 ただ、思ったよりもメディアの反応が悪かったですね。

星川 告発した行為自体も悪いと誤解されています。

日隅 そもそも、ジャーナリストであれば、非合法な手段で情報入手するのはある意味、当たり前です。たとえば、警察から毎日情報を得ていますよね。あれは、警察官に地方公務員法違反をさせているわけです。違法手段です。それで得た情報をもとに商売しているわけですよ。だから、今回の事件についても、そこまで考えて、悩みのある報道がされるんじゃないかな、と個人的には期待していたところがあります。ところが、記者会見の様子を見て「あ、違うな」と感じました。

寺中 GPJに対するメディアのイメージ自体、はじめから批判的な目を持っているところはありますね。彼らは何かするに違いないと見ているし、GPJが発見した物事よりも、その行動のほうに注目し、問題視しようとしたというわけです。だけど、そのとられた手段を検証していくと、普通は、違法性はないと判断される程度のものじゃないかと思います。刑事法学的には、可罰的違法性がない、再犯を行なう可能性もない、そして不法領得の意思も本質的には存在しない。ここまでそろっていたら、違法性立証が難しいはずです。でも、起訴された。一方、一般の反応も違います。今回の行為は問題だ、なぜなら、警察だって令状とらなかったら押収できないじゃないか、というわけです。でも、警察はそもそもやっちゃいけないことをやるから、令状をとっているんです。その論理がわかってもらえていないんじゃないかなと思います。

星川 検察官自身が私にそう言いましたよ。自分たちだって令状なしで押収できないのに、NGOの分際でやったのは許せない、と。ちなみに、あとから知ったのですが、その検事は志布志冤罪事件[1]の担当だったそうです。

日隅 本質的な問題は、市民がどこまで政府が隠している情報をとれるか、ということですよね。今回も普通に情報公開手続きでクジラ肉の流れについて、ある程度情報がとれるのであれば、直接行動に出なくてもよかったわけです。そういう情報が出ない社会だから、違う方法で情報をとらなければならない。そういうなかで、社会の規律に形式的には反した。そういうところから少しずつ堀り崩していかないと、まともな情報がとれない、そういう社会のままでいいのか、ということが、今回の事件を契機として問われなければならないはずです。

　この件の弁護活動と並行して、海外の人権専門家を招いたセミナーを開催したりするなかで、「本当の意味の民主的社会では、NGOの調査活動は許容されるべきである」という認識がこの間、ある程度は浸透してきたのではないかな、と思っていますが。そのあたりの手応えはどうですか。

星川 全体にはまだまだでしょうね。多少は報道もされたし、法律関係者やNGO市民セクターの仲間たちには少しずつ理解されつつあると思いますが。

日隅 青森の地元のメディアは、雰囲気が変わってきた感じがしますが。

星川 変化の兆しはあります。読売新聞が「ヨーロッパ人権裁判所なら問題なしとされただろう」と専門家の言葉を引用するぐらいですから。

寺中 全体的には、捕鯨反対の団体自体が悪というレッテル貼りをしようとしていますね。そういう風潮が日本を支配しているなかでは、今回の事件は「またGPJが問題行動をやった」というストーリーのなかに入っていくと思います。

　でも、不思議なのは、先ほどのなぜ警察・検察は令状とらなくてはいけないのか、ということの意味が日本社会のなかでちゃんと受け止められていないことです。一般の人たちは、政府がやっていることについて、知る権利がある。それを行使して、情報をとっていかなければいけない。ところが、警察・検察というものはある意味、力が非常に強いところだから、私人の情報

を基本的にはとってはいけない。けれども、どうしても必要な場合に例外的に認めるのが令状の意味。だから令状がないと捜査ができない。市民運動をやっている人たちが、当局がやっていることを知ることには令状がいるはずがない、令状なしにできないといけない。なのに、令状とらずにやったという批判はおかしい。それは、おまえたちは情報を知ってはいけない、と言われているに等しいわけです。

星川　先ほどの私に対する検察官の発言ですが、それを聞いて「この人は民主主義のイロハさえ理解していないな」と思いました。本来、市民のほうが政府・公権力より上位に立つのが国民主権の考え方ですし、国民が政府をコントロールする行為は奨励されるべきです。ところがこの検察官は、政府権力のほうが上で、市民やNGOはそれにちょっかいを出すことなど許されないと、疑いもせずに述べている。法律の教育を受けた専門家のはずなのに、本当に驚きました。

日隅　結局、警察・検察は間違わないということが前提になっている社会なわけですよね。裁判所の令状審査にしても、警察が請求してきたものをほとんど信じている。

星川　それは他の国では違うでしょう？

日隅　違いますよ。権力は濫用されるし、腐敗するものだということが前提だから、それにいかに歯止めをかけるか、ということで裁判所がチェックするわけで、日本の場合には、それが逆で、警察・検察がやることについては、ほとんど誰も文句をつけないということになっている。有名な沖縄密約事件[2]では、政府が隠している情報をとろうとした人が告発されたわけです。そんな告発を許容する社会であるわけです。そこをどうひっくり返すか、ということは大変なことです。

星川　それに違和感を抱かなければいけないんですけどね。

寺中　日本では、検察・警察、つまり力が強いほうを我々市民がコントロールするのではなく、力が強いほうが我々をコントロールするという認識で作られてしまう。それから、検察・警察のやることは正しくて、市民運動をやっている人たちは、どこの馬の骨かわからない奴らだから、コントロールする

力は行使してはならない。そういう論調が支配している。これがマスコミからも流れている。

日隅 積極的にマスコミがそこに加担していると思いますね。卑近な例で言えば、ドラマ見ていても、水戸黄門は典型的ですね。偉い人が下の者の悪事を裁く、というような感じです。一番偉い人は常に正しいことをするんだ、というのが日本の社会にある発想です。警察のなかの問題を暴くような報道やドラマはないですし、実際不祥事が起きても、たとえば裏金疑惑が各地で出てきても、一番不祥事が多いであろう東京ではその話が出てきませんよね。おそらく一番調査能力があるはずの東京のメディアはどこも取り上げない。

市民団体による調査活動はどこまで許されるか？

寺中 この間、市民運動をやっていくなかで大きな問題に次々と直面してきています。特に、私たちが一番懸念していることは、市民運動をやっていく上で、当然のこととして行なっている表現行動などが取り締まりの対象にされている。そして現実に逮捕され、起訴され、裁判になり、さらに有罪判決が確定してしまったというケースも出てきています。これは、とんでもないことだなと思っています。こういう問題が起きるときには、一定の政治的意思を体現するというかたちで、警察のなかの公安部が動いているというのが非常に特徴的です。今回の事件も公安部が動いています。ですから、市民運動やっていると公安問題が前に立ちはだかっているということをこの間、痛感しているところです。そういう状況は、戦前の日本で、公安検察とか、特高とかがあったころの話が現在でも生きている、むしろ最近とみに力をもってきている点が大きな懸念としてあります。

　関連して、今回の事件の前に、立川市でイラクへの自衛隊派遣に反対するビラを郵便受けに入れて逮捕された事件がありました[3]。このケースでは、住居侵入で逮捕されましたが、やったことと言えば、ビラを郵便受けに入れただけです。取り調べを受けるなかで、反戦ビラを郵便受けに入れるなどという行為はとんでもない、という声が警察だけでなく、社会にも広がっていきました。どんな行為であろうとも犯罪にしてしまうことがまかり通ってい

る、という気がします。そういうなかで、私たちはかなり気をつけて市民運動をやるしかないな、という危機意識を持っています。

星川 GPの活動には研究・調査や国際会議でのロビイングから、実際に環境破壊の行なわれる現場へ出かけて「目撃者」となり、その状況を広く世界に伝えることまで含まれています。とりわけ、GPの得意技といえる非暴力直接行動は、告発される企業や政府から激しい反応を引き出す場合があり、それが法的な措置の形を取ることも少なくありません。海外のGPはこうした法的報復への対処に比較的慣れていて、歴史的な勝訴につなげたケースもありますが、GPJは従来、法的対処を要する活動までは想定していませんでした。今回の過剰ともいえる当局の反応は、現場の2人の踏み込んだ行動が痛いところを突いたからでしょう。しかし本来、GPのようなNGOは思い切ったアピールで社会変革の力になることを期待されているわけですね。

日隅 今回のGPJの2人のように、起訴される前に捜査をする警察内の留置場（本来は警察の管轄にない施設に収容されるべきで、このような留置場は代用監獄と呼ばれる）に23日間も身体を拘束される実態や、検察の証拠開示が十分に行なわれないことについて、日本は国連の自由権規約委員会などから改善するように勧告を受けているのですが、これを無視しています。ようするに、国際社会から見ると異常なシステムが普通に運用され、推定無罪の考えがまったく否定されているのが、今の日本社会です。

寺中 今回は法のグレーゾーンなんでしょうか？

日隅 今回のような状況においては、予測可能性がないということが一番問題です。日本では、こういう行為は許されるとか、こういう行為の場合には罰則は受けるけれどもこの程度にとどまる、ということがまったくわからない。通常、ジャーナリストやNGOの活動家は、どこまでのリスクを負った行為なのかが判断できないため、なかなか踏み切れないのだと思います。そのような状態で、ビラまき行為程度で長期間にわたって拘束されてしまうようなことになると、結果的には萎縮効果を生じ、結局踏み込んだ活動がどんどんできなくなってしまう、ということになります。

星川 GPJのような市民団体だけではなくて、日本社会全体にそういうと

ころがあると思います。思い切った政府監視や情報開示の活動のあり方について、これまで法的にいろいろな可能性が議論されたり、多様な判決が出たり、一般社会でも議論されたりするといった下地がない。今回の事件は、そういう空白地帯で起こった気がします。

寺中 私たちのように、人権擁護活動等の市民活動をする団体は、政府や役人の言うことを「はい、そうですね」と聞いているような団体ではない。政府とは意見が違うということを、違う立場からはっきり主張する団体です。だから、ちゃんと独自に調べもする、そういうスタンスを持っているわけです。だから、そういう活動をしているなかでは政府とぶつかることもあります。では、そのときに私たちはどういう態度に出るべきか？ 官憲の言うことを聞かなければならないのか？ 聞く必要はないですよね。私たちが相手にしているのは、官憲ではなくて日本社会そのもの。だから、日本社会にどう訴えれば効果的なのか、という観点で活動の戦略というものを考えるわけです。

星川 合法性という観点はそこには入ってきませんか？

寺中 合法性というのは、日本社会に受け入れられるための1つの要素であれば、それは担保したほうがいいと思います。AIが全世界で調査をする場合には、その際に調査対象の政府の許可をとります。その政府が許可しなければ、入国して調査しないというスタンスをとっています。そうすると、当然許可を出さない国には入れませんが、入れなくても、周辺国の情報等使っていろいろ立証することはできます。一方、もしも隠密調査をやった場合、どうなるかというと、情報が入手できても情報ソースが危険にさらされます。得た情報をそのまま外に出すこと自体がリスクになります。さらに、その国に我々は2度と入れなくなる。1度隠密捜査をすることによって、その国の責任者と膝を突き合わせて話し合う機会が閉じられてしまう、というリスクがある。ですから、合法的な根拠を備えたうえで、相手につっこませる余地を与えないようにした上で入国するわけです。

日隅 入国した後は？ 当該国の国内法は遵守するわけですか？

寺中 基本的には国内法を守って、情報収集して、その情報を検討した結果、

私たちのほうから政府に対して公開質問状を出します。そうすると、得た情報が表に堂々と出せるようになります。そういう戦略のなかで調査を行なっています。今回の事件について言うと、そういう戦略のようなものから外れているという印象はありますね。

星川　現場のメンバーも横領の証拠となるクジラ肉の入った箱の追跡調査をするだけの予定だったので、箱を確保するという戦略はそもそもなかったと思います。私が事前に聞いていたのも追跡調査の範囲でした。今回の2人の行為について、客観的に現場の限られた条件のなかで告発まで持っていける方法が他にあったかと考えてみても、それは疑問ですね。寺中さんのおっしゃる意味で戦略的に得策ではないかもしれませんが、横領の犯罪を見すごすわけにはいかなかったのでしょう。そこまで踏み込んでも、社会的には手段のほうばかりクローズアップされ、彼らの本当の目的が取り上げられない今の日本社会の傾向は、その後の反応や経緯をみても明らかです。ただ、それはそれでその社会を変えようとするのが、国際NGOとしてのGPJの役割です。

日隅　私は、その前提とされている日本社会のほうにむしろ問題があることを強調したいと思います。つまり、沖縄密約事件以来、日本では法に触れるかたちで情報を入手したり、不正義を暴くということがされなくなった、ということが今回の事件の背景にあり、特に重要な点だと思います。

寺中　今回の事件は、2人の行為が窃盗罪かどうかばかりが注目されがちですが、そうではなく、窃盗罪として立件されたことで何が隠されてしまったのか、というほうが重要なわけですよね。今日は、そこがちゃんと議論できたら、と思っています。

星川　確かに、NGOとしてできることの境界線を広げていくという活動もなければならないと思います。これまでは、そうした活動はGPJのような環境保護団体が取り組むべき本業とはズレるから、あまりそこに力を入れてこなかった。けれども、今回の事件を通じてその重要性を痛感し、この裁判はGPJの本体活動として闘い抜く覚悟です。

刑事司法という権力にさらされて

日隅 GPJ は、AIJ と違って刑事司法の問題については、むしろ素人的な観点をお持ちと思いますが、今回の事件にかかわって、そういう素人の目から見て、日本の刑事司法については、どういう感想を持ちましたか。

星川 おっしゃるとおり、刑事司法という部分についてはまったく素人ですから、驚くことだらけでした。まず、代用監獄で長く自由を束縛されることも基本的人権の蹂躙です。またそもそも、検察側が証拠を握って出さないという被告人と弁護側にものすごく不利な立場で、本当に公正な裁判ができるはずがない。そういうことがたくさんまかり通っているし、弁護士の介在もなく取り調べが行なわれて、無理やり調書が取られる。ああ、これだから日本では表現のフロンティアを拡げていくことができなかったんだな、とつくづく思いました。「こんなの民主社会と言わないだろう！」というのが正直な感想です。

寺中 弁護士が来るまで黙秘しますと言ったら、日本ではどうなるんですかね？

日隅 うーん、今ならある程度は昔とは違うとは思いますが、こいつはとんでもない奴だと見られる可能性が今でも高いでしょうね。普通の裁判手続きのなかでも、黙秘をしている人は身体の拘束時間が長くなったり、わざと窃盗などを数件ごとにばらばらに起訴して、勾留期間を長く確保したりしますね。報復的に、恣意的に処分しようと思えばできてしまう。それを止める機関がないですよね。そのこと自体はおかしいと思います。

寺中 立川のビラ配布事件では 75 日間勾留されていました。いくつかの事件について起訴せずに、再逮捕したんですね。

弁護人がつかないから黙秘するというのは、たんに「1 人だと怖いからやだ」という感覚からきているもののはずなのに、言うこときかない奴はダメだ、ということになる。通常の刑事事件でもそうだから、今回のような公安事件だとそれはもっとひどくなる。最初からはめようとしてくる。だから、最初から長期拘束するつもりだし、酷な取り調べが続けられる。それに、普通の感覚なら拘禁刑にはならないですよね。それ自体、政治的に刑事司法制

度が使われていると考えると、日本というのは法治国家といいながら、政治的思惑で刑事司法が使われるというのは、とんでもない国だなと思いますね。

星川 司法というのは論理的であるべきものと思っていましたが、非常に情緒的なところで動いていて、今回のように捕鯨という国策にたてつくとそこに政治性がからむから、法理論の原則とはますますかけ離れてしまいます。一番の驚きは、推定無罪が生きていないというか、理解されていないこと。警察に捕まったら即悪い奴というふうに、社会的にも罰せられてしまう。

寺中 警察は正義の味方ですから。正義の味方にたてつくのは悪漢に決まってるんですよ……（笑）。

日隅 外国人の被疑者・被告人の弁護をすると、検察官も警察官も自分の利益と相対する者だととらえていて、検察や警察の言うことに乗ったらまずい、と考えるわけですね。でも、日本人の被疑者等の場合には、検察や警察が、たとえば、「これを認めればうまく外に出られるようにしてやると言っているんですけれども、警察に従えば、そのとおり救ってもらえるんでしょうか」と聞いてくる。警察官や検察官は、何か中立的な立場で行動しているんじゃないか、と思っているところがありますね。

星川 普通はそう思うんじゃないでしょうか……。

日隅 社会的にも捜査機関は正しいものだと思われているんですよね。

寺中 むしろ捜査機関は正しくあるべきだ、と思っているのでは。

日隅 そのほうが正確かもしれないですね。

寺中 だから、捜査機関のなかにも悪い奴がいるかもしれないけれども、正しくあるべきで、その考え方に誤りはないと思っている。実は、刑事司法の手続きというのは、正しくないということが前提になっているはずなのに。

日隅 そうですね。今回の事件の場合、私たち弁護士には逮捕される前から相談があって、逮捕された直後も面会に行っています。つまり、検察・警察の情報だけにさらされない、弁護人（士）の意見を聞ける立場にあったわけですが、検察・警察以外の情報が得られるかどうかでずいぶんその後の筋が変わってきますね。

　ところで、刑事司法手続きに乗せられたことで、GPJの内部に何か影響

はありましたか？

星川　GPJ のスタッフだってそれぞれ考え方の違いがあり、今回の事件についてどう整理したらいいのか悩んだ人もいたと思います。周囲から、「たとえ目的は正しくても、今回の行為については違法は違法でしょう」と切り捨てられることもあります。また、今回の事件への対応に追われることで、GPJ の他の活動が一時期ほぼ休止状態になるようなこともありました。

　その一方で、GP を含めて海外の NGO 関係者からは、「こんなことは当たり前なのに、日本社会はどうなっているんだ」とも言われる。それらを乗り越え、国内で公判に向けたプロセスが進むにつれて、GPJ としても改めて「NGO 本来の活動をしただけじゃないか」と足元を固められるようになってきています。たとえば、弁護団経由でヨーロッパ人権裁判所の判例などを勉強することで、「多少なりとも機能している民主社会では、こういう NGO の活動は許容されるべきだ」という認識が共有されつつあります。この際、日本の真の民主化のためにもしっかり闘おうという気持ちが生まれています。もちろん、もともと"調査捕鯨"から得られるクジラ肉の横領こそ大罪で 2 人は無罪だという認識はありましたが、刑法上の「不法領得の意思なし」という一見消極的な争点だけでは、いまひとつ闘うモチベーションが盛り上がらなかったのは事実です。その意味で、国際人権法の議論にはたいへん勇気づけられました。実は今年は GPJ の創立 20 周年なので、この闘いこそ 20 周年記念事業の柱と位置づけています。

日隅　ただ、「不法領得の意思」というのは本来、今回の事件のようなケースに適用されるべき理論だったんですよね。それがそうでなくなっていることがそもそも問題なんです。

星川　でも、最近の判例は後退していると聞いて、裁判で十分な説得力があるのかなと不安はありました。

寺中　裁判という一種のゲームのなかで、不法領得の意思や可罰的違法性というカードは弱められてきた、という経緯がありますからね。本来、こうした理論からすれば、今回の事件は窃盗で立件すべきものじゃなかったわけですよ。

星川 だからこそ今回、国際人権法は強力な支えになってくれると期待しています。

寺中 あと、日本は、基本は処罰するものと考える風潮がありますよね。でも、本来、基本は処罰してはいけない、どうしようもないときにだけ処罰するという原則だったはずです。

星川 基本は、人間の自由を奪ってはいけない。その認識が薄いし、感覚が逆転しているんですよね。

日隅 自由の大切さが日本では軽視されていることも痛感します。たとえば、刑務所に入っても、タダで飯食ってきたくらいにしかとらえられない。5年とか10年、社会から隔絶されて生活するというのは大変なことじゃないですか……自由を束縛される苦痛と恐怖をまったく共感できないという、そこを不思議に思っています。

星川 自由に対する根本的な認識がおかしい。

寺中 それは、自由を奪われることについての社会全体の無知から来ているようにも思いますね。

クジラ肉裁判の隠された本質的問題とは？

星川 先ほど寺中さんから、今回の事件で隠されたものがあるという指摘がありましたが、一番大きいのは、あのクジラ肉は国策事業の"調査捕鯨"から横領されたものであるということ、つまり税金が盗まれたということです。税金を悪用・濫用するということは、民主社会においてはもっとも重大な悪であるという意識が、日本社会に薄い気がします。それは、民主社会における社会契約上の信頼関係を侵害する重大な犯罪行為です。今回のケースは、そのことを暴こうとした行為だと見る視点がない。税金の濫用や悪用なんて当たり前じゃないか、よくあることだという認識が強すぎると思います。

日隅 税金の使い道をきちんと監視していない。

星川 天下りだってとんでもない税金の盗用ですよ。それが許容されてきた。

寺中 でも、今回のクジラ肉は「お土産」だと思われていたんですよね？

星川 事件以後に、水産庁をはじめ関係者がそういうイメージを作って封印

を図ったんです。実際には、告発の証拠としたクジラ肉は、慣習化していたとされる「お土産」のさらに外側、解体現場から直に船員の個室に持ち込んで塩漬けされ、肉としては調査記録にもカウントされない完全に闇の部分です。

寺中 問題は、クジラ肉を横領することの意味、なぜ個人がクジラ肉を私的に持ち帰る必要があるのか、というところが社会に理解されていないんじゃないでしょうか？ 横流しをして税金泥棒をしている、莫大な利益を生んでいるんでしょ、というところが、まだ十分に説明されていませんよね？ そこは「お土産」というところばかりが注目されているとわからない。

星川 公式な「お土産」の外側のクジラ肉に関しては、それが存在するだけで税金泥棒になります。なぜなら、その肉は本来、公式ルートで販売され、売り上げは翌年の調査費用に充てられるべきだからです。毎年国庫から約5億円の補助金が出ているので、裏で換金される分がなければ、それだけ税金支出が減らせるはずです。今回押さえたのは、そういう闇ルートの肉でした。

日隅 本当に横領事件のほうを検察官が立証しようとしたら、関係者の通帳を出させますよ。お金の流れをつかむために。本来は、そういうところから捜査を始めるべきですが、やっていない。クジラ肉の横流しについては、結局、強制調査が入っていないからそういう基本的な情報がわからないんですよ。わからないまま不起訴にしてしまった。

寺中 検察が、横領についてもみ消しをはかっているということですよね。本当は、その点が大きなキャンペーン材料にできるはずなんですよ。残念ながら、クジラ肉の窃盗事件にすり替えられてしまっているという点に忸怩たる思いがあります。

星川 私たちとしても、両方の行為を秤にかける公正な裁判にしたいんです。

日隅 横領事件について検察審査会にもっていくなど、将来的な課題としてその点は考えるべきですね。でも、そもそも年金の未納問題みたいに、新政権下でちゃんと公的に調査できないのか、とは思いますが。

寺中 今回の事件については、注目される問題の本質がずらされているような気がするんですよ。そして、私たちはそのことに抗しきれていないように

見えます。だから、私たちは、この問題の本質はそこじゃない、ということをちゃんと言わなければならないと思います。GPJ さんは、当事者だからやりづらいこともあるかもしれませんから、私たちとしても外から支援したいと思ってやっているのですが、何とも日本社会の反応の悪さがすさまじいな、というものを感じています。1 つは、GPJ は変な団体だ、という論調が強い。窃盗とされた行為が合法か非合法か、という点ばかりに議論が集中してしまっている。

日隅 ちょっと話の角度が違いますが、NHK の番組改編問題[4]についてNGO 側の代理人として訴訟をしたときも同じ方法論の議論がありました。ああいう番組の作り方をしたのが間違いだ、番組の担当者がもう少しうまく編集していれば、文句を言われなかったのではないか、などという議論です。でも、逆にそれは、やり方がうまくなかった人を切り捨ててしまうことになる。そこは危険だと思います。失敗した人も守られる社会にしないと、どんどん切り捨てられていくことになる。ひいては自分も切り捨てられる立場になります。

寺中 上手か下手かで問題を切り捨ててしまうのは、社会にとってマイナスだということですよね。

星川 今回、ヨーロッパ人権裁判所の判例や議論を学んで勇気づけられたのは、どんなに社会の主流と異なる意見をもっている団体であれ、異なるからこそその意見は尊重されるべきで、主張する権利が守られるべきであるということがしっかり押さえられている点です。そこが、日本ではかえりみられていない。怪しい団体なら、主張していることはおかしいに決まっていると切り捨てる風潮がある。国連の総合協議資格を持つ GP は怪しい団体ではありませんが、たとえ怪しい団体であったとしても、主張していることに根拠があれば、それには耳を傾けなければいけないし、司法のなかでも公正に取り扱われるべきです。

日隅 みんなで社会をつくるんだ、という意識が薄いから、いろんな意見を聴いて、結果としてこういう社会にしよう、という発想がないように見えます。お上が命じたことのなかで自分たちはやっていけばいいと思っている。

自分と違う立場の人の意見を聞く必要がない。自分たちの力で何かを改善しようとしたときには、違う意見も聞かなければならない。そういうことに慣れていない社会なんですかね。

星川 多様性をどう生かしていくか、ということに慣れていないのですね。

日隅 学校の公民の授業では、参政権は投票する権利としてしか教えられなかったという印象があります。自分が立候補して議員になることもできるんですよ、そういう権利なんですよ、という教え方はあまりされなかったように思います。

寺中 確かに、一般に選挙に出る人に対して、何かよくわからないけれども見下す風潮というのはありますね。逆説的ですけど、目立ちたがりとか。排除の感覚が同時にある。だから政治家は鼻もちならない、信用できない、悪いやつ、という意識があるし、そういう証拠も出てくる、というような感覚がまん延している。だから、政治を変えることによって、社会を変えようという感覚自体はおかしいものであるかのように、なんとなく教えこまれている気はします。

日隅 NGOが怪しいと見られるのも、NGOが社会を変えようとしている、というところで、同じような感覚があるのかもしれませんね。

寺中 NGOの活動は、一種政治的ですからね。そういう活動をうさんくさくみている点で、政治家をうさんくさく見ているのと相通じるものがあるように思います。もちろん、政治家を信用しろということではなく、政治家はちゃんとモニターするべき存在ですが、現状では、モニターというより忌避している感じですね。

星川 政治的活動をすることにあまり意味がないと考えている傾向はあると思います。生きていることの本質・本筋ではないというようにとらえてしまって、みんなで社会を作っていくという感覚には乏しいですね。上から与えられたところで生きていくという感覚が強い。

表現の自由・知る権利の本当の意味

寺中 みんなで社会を作るといっても、そのための正確な事実を知らないと

政治的な活動はできないわけですよね。では、そこで必要な情報は何か、「知る権利」とは何を知ることか、というと、まずは公になっていてみなさんどうぞ知って下さいという事柄ではなくて、こちらから鋭い質問を投げかけて、それに対する回答を得る。そうしないと知るべき情報は出てこない。

日隅 そういう意味では、日本の情報公開は非常に遅れている。結局、情報を官庁の恣意的判断で出したり、出さなかったりするし、裁判官もそれを追認する。この一因として、ジャーナリストが隠された情報をとるための活動を普段からしていないことが挙げられると思います。政府が隠している情報をとってくることが自分たちの仕事だと思っていれば、隠されたら、情報公開などの手法を利用するなどしてとことん追求する。そうなれば、いまの情報公開制度が不十分なことが記者の間に知れ渡り、制度改善に向けて動くはずです。でも、そういう活動をしている人はほとんどいないですね。

星川 「調査報道」とカッコつきでよくいわれるが、本来、積極的に掘り出し、引っ張り出してくるのがジャーナリストの本分じゃないですか。記者クラブに座っていて、そこでもらえるものを書けばいいなんて、誰でもできる。

日隅 もう少し言えば、結局、偉い人からのリークです。記者クラブの外でも、お偉いさんから自分に都合のいい情報をいかにも特ダネのように教えてもらったり、ライバルの失敗を流してもらったりして情報を得ることが多く、本当に当局が隠したいと思う情報をとってこようという努力をどれだけしているでしょうか。

寺中 でも、そういうことをされると当局のほうは困るわけですよね。だから、情報の公開が制限される。そこをチャレンジするのが本来のジャーナリストだと思います。

星川 税金と生殺与奪権（死刑を極刑とする警察・検察・司法システム）と国営武装組織（警察と自衛隊）の3つを独占する政府・公権力の側は隠したいことがいろいろあって当然ですから、そこをこじ開けるのがプロのジャーナリズムですよね。

寺中 表現の自由、ということで言えば、立川市のビラ配布事件においても、そのビラの内容自体が問題視されている。被疑者の1人は、「士気が下がる」

と言われたと語っています。こういうことを言ってはいけない、とあらかじめ表現する内容が制限される。世間のルールとして存在している。こういうパターンは、別に日本だけに存在しているのではなくて、9.11以降、アメリカおよびイギリスのアフガニスタンやイラク侵攻以降、イギリスの町中でも、皆で戦地に行っている人のことを祈るためにリボンをつけないといけない、というような風潮があった。反戦は言いにくくなっていく。表現を圧殺する雰囲気があるなかで、ちゃんとこれに対抗しなければならない。それがNGOの役割だと思うんですよね。だとしたら、NGOがそういう役割を担う、声を上げるということが正当な利益であって、それこそが公共の利益にかなう。でも、肝心の公共の利益の受益者のはずの公共がそれを聞きたくない、知りたくないという。それでも、NGOは「知りましょう！」と突きつけていいはずなんです。ところが、そういう行動に対して、官憲を使って逮捕する、起訴する、有罪にする。それが日本の表現の自由の現状です。もちろん表現の自由は絶対的な権利ではなく、公益との調整が必要といわれますけれども、明確に、人の命が奪われる場面などかなり差し迫った危険がなければ、表現の自由は規制してはいけないんです。

日隅 NGOしかできないことがある、という点が重要なんですよ。つまり、ジャーナリストはジェネラリストであって、一方、NGOはスペシャリストで、あることを深めてやっている。NGOしか知ることができない情報があって、だからこそ上げられる声というものがある。NGOだからだめなのではなく、NGOだからできる、ということを言っていかなくてはならない。今は、NGOごときが、という風潮になっているように思います。

星川 確かに、日本の国営事業である"調査捕鯨"についても、日本でGPJほど継続的に深く調べている団体はないわけです。だからこそ、GPJとしては内部告発を受けた問題をみすみす見逃してはならない、不正を許してはならないわけです。

寺中 知る権利で守るものは、聞いて楽しいこと、心地よい情報じゃなくて、都合の悪いこと、見たくもないこと、知られちゃ困ることを知ることです。

日隅 そういう意味で、今回、ヨーロッパ人権裁判所のスタンダードを持ち

込んだのは、重要な意味があって、ヨーロッパ人権裁判所は各国家の意思を越えたところで判断することができます。したがって、国家が隠そうとしている情報を入手する行為が、各国内では違法とされても、国を越えたレベルでは、民主主義を価値基準とする法のなかでは、それは正当な行為なんだと判断される。今回、そういうスタンダードを日本で訴えていくよいチャンスだと思います。

寺中 ヨーロッパ人権裁判所の基準が日本にも妥当しないとおかしいんですよ。日本はヨーロッパではないといいながら、一方でその文化を取り込んで、アジアとは違うと言ってきたわけですよ。それにもかかわらず、ヨーロッパ人権裁判所の判例は関係ないというのはおかしい。国際法上の議論で重要な点は、法的拘束力がどうこうという問題ではなくて、国際法のなかで確立されてきたあるスタンダードがきちんと日本のなかで満たされているか、という点を判断するために議論すべきなんです。

日隅 今回の事件について言えば、一方で捕鯨業者の横領についての捜査をやり、他方でGPJによる窃盗についての捜査をやり、ところが横領のほうは恣意的に捜査を打ち切っている。窃盗のほうは、恣意的に激烈な捜査をしている。そういう意味で、捜査をやり過ぎる面と、放置している面という両面がある。本当は、権力のありかたがとてもわかりやすく見える事件ですね。

星川 GPJごときに邪魔されてたまるか、という権力側の主張が見えます。

寺中 法的な議論からしても問題です。日隅さんがおっしゃるように、一連の行為をわざわざ2つに切って、窃盗のほうは、すごい犯罪行為だというふうに演出したところがあると思います。

ただ、クジラ肉をこっそり検察に持って行ったら、窃盗として立件されなかった可能性はあるでしょうか。派手に広報したために、こういう事態に至ったというところはありませんか。

日隅 まあ、お上に逆らうのか、というところはあったかもしれませんね。でも、こっそりやったら、もっとひどいことになっていたのではないか、という懸念もあります。

星川 たぶんそちらの可能性が高いですね。それにGPJとしては、戦略と

してこの問題をこっそりやるわけにはいきませんよ。

寺中　もちろん、こっそりやるべきだと言っているわけではありません。ただ、あからさまに逆らうものには強く出るという姿勢だったのではないかと疑っているわけです。

星川　表現の自由という権利の話に戻りますが、自由権規約をめぐる国際的な議論では、表現の自由は「情報を求め、受け取り、伝える」ことがセットで保障されているという点を知って、うれしい驚きを覚えました。日本における表現の自由のイメージはもっと狭いものと考えていたのですが、国際人権法上はNGOやジャーナリストが政府や企業を監視していくことを想定した権利内容になっています。

寺中　そもそも権利という概念自体、日本のなかでうまく伝わっていなくて、「やってもいいこと」と理解されている。本当はそうではなくて、やることを保障するもの。だから、義務は保障する側にある。

星川　自由権規約上、権利を制限する場合には、制限する側がその理由をしっかり示す義務が明記されていますね。

日隅　情報公開に関して言えば、情報を出すことのほうが当たり前のはずです。でも、どうしても出せませんというときには、これを説明する義務があるんですよ。国際的には情報の自由な流通というのが常識なわけです。でも、日本ではあまり重要視されていない。情報の流通が阻害されてもたいしたことではないという見方がされている。情報が自由に流通する社会が民主主義に直結したものなのだ、という理解がされていない。

寺中　さらに、権利というのはセーフガードだという認識が日本ではあまりに薄すぎる。だから権利を守れというと、まず義務を果たさないとダメという主張になるんですね。でも、義務は当局にある。当局が義務を果たさないといけない。これは法の常識です。我々の義務の問題は二の次なんですよ。

日隅　だから、政府側が情報を開示しないなど義務を果たさないなら、本当は税金払わないぞという意識でいて、いいはずなんですよね。

星川　まさに今回の告発は、その税金が安易に、継続的に、また大規模に横領されていることを明らかにしようとしたわけです。ところが、今のところ

それがうやむやにされ、隠されてしまっている。一方で、GPJ 職員の逮捕と起訴、そして GPJ 自体に対する強制捜査を通じて、国営事業の不正を監視するための情報を私たちが「知る権利」そのものが脅かされています。

むすびに——私たちは今後どうするか？

寺中　NGO の活動は、つねに国家と対峙しているという自覚を強くしておくべきだろうと思います。ともすると足をすくわれかねないという緊張感のなかで進めていかなければならない。今の日本社会は、NGO が批判的活動を展開する環境としてはまだまだ好ましいものとは言えません。ともすれば、「お上にたてつく怪しい連中」というレッテルが貼られることすらあります。でも、そこで批判の矛先を鈍らせてしまうのは失敗だと思うのです。重要なのは、問題を問題だとはっきりと世間に問う態度です。それを通用させない限り、この社会は健全な社会にはならないと思います。NGO が自由に調査し、その情報を発信することができて、公権力がそれを抑えつけようとしてもできないような社会。それを実現するためにも、私たちは NGO として公権力の動きを見張り、問題があれば、それを指摘していかなければいけないのだと思います。

日隅　弁護団としては、今回の事件では無罪とされるべきだと信じていますが、懲役が科されるようなことだけは避けたい。あまりにもバランスを欠いた結果ですから。そういう意味では、日本ではヨーロッパ人権裁判所のような国家を超えたシステムを利用することができないのが残念ですね。新政権は、自由権規約の個人通報制度[5]を定めた選択議定書を批准するべきです。そうなれば、国内の裁判所の視点もずいぶん変わるはずです。今、批准すれば、この事件にも適用されますしね（笑）。

　それから、ジャーナリストには、形式的な違法を恐れるなと言いたい。今回のような事件をマスメディアが率先して非難しているようでは、政府が本気で隠そうしている情報をとることはできない。少々、脱線してでも、重要な情報を入手することの重要性を確認すること、これが大切です。そういう経験を経ることで、正面から情報を公開するシステムの真の重要性も理解さ

れるはずです。

星川 繰り返しになるかもしれませんが、問題の本質は２つあります。１つは国営事業である"調査捕鯨"の闇。これは今回の告発で取り上げた組織的な業務上横領だけではなく、GPの長年にわたる調査からも、また複数の内部通報者からも、「科学」とはかけ離れた惨状が浮かび上がっており、政権交代にともなう厳しい目が水産庁に注がれれば、おのずと明らかになっていくと思います。GPは、これらの問題点を鋭く追及し続けます。少なくとも南極海に関するかぎり"調査捕鯨"の終わりは近いし、終わらせなければ日本の国益が損なわれるばかりです。

もう１つの本質は、日本の民主主義がもっと成熟できるかどうかです。民主主義そのものが現在進行形の実験ですから、どこかに完成形が存在するわけではありませんが、三権分立も危うい、メディアが第４権力として政府・公権力の監視を十分できているかどうかも怪しい、市民の側も「疑わしきは被告の利益に」や「有罪が立証されるまで無罪」（推定無罪）といった民主社会における法治の原則を忘れている日本の現状は、まだまだ初歩的な段階だと自覚すべきでしょう。そのなかで、NGO市民セクターはメディアとともに第４権力の役割を分担する責任があると思います。GPは各国で環境保護や平和・軍縮の"本業"と並び、市民社会が政府や大企業の行動を変えさせるために何ができるかについて、法的な境界線を押し広げる役割を果たしてきました。この裁判を通じて、GPJも日本の民主主義の進化に貢献したいと願っています。

特に人権問題としての「表現の自由」や「知る権利」については、アムネスティをはじめとする専門分野のNGOや研究者のみなさん、また法曹関係者のみなさんと力を合わせ、新しい地平を切りひらいていかなければなりません。民主党のマニフェストに、個人通報制度を定めた自由権規約の選択議定書批准が公約されているのは好機です。この面でも政権交代を足がかりに、国内人権状況の打開をめざしたいと思います。

[注]
1　2003年4月に行なわれた鹿児島県議会選挙の際に、選挙違反があったとして志布志町の住民13人が逮捕・勾留され、12人が起訴されたが、1審の鹿児島地裁において強引な捜査による虚偽自白等が明らかとなり、無罪とされた。
2　沖縄返還の際、日本政府がアメリカ政府に裏金を支払う密約を結んでいたことを、毎日新聞記者がスクープしたが、情報の入手方法を問題とされ、国家公務員法違反（機密漏洩罪）で有罪とされた。
3　2004年2月27日、反戦を訴える市民団体「立川自衛隊監視テント村」のボランティアらが近所の自衛隊官舎に、「イラク派兵について一緒に考え反対しよう」と呼びかけるビラをポスティングする活動を行なっていたところ、3名が逮捕された事件。住居侵入罪に問われ、第1審では無罪とされたにもかかわらず高裁で逆転有罪。2008年4月11日、最高裁第二小法廷において有罪が確定した。
4　NHKが、第2次世界大戦における従軍慰安婦問題に関する日本政府などの責任を問う民衆法廷を扱った番組を編集する際、NHK幹部が自民党政治家と面談した後、慰安婦の証言を削除するなど現場スタッフの意向を無視して改編した事件。
5　条約において認められた権利を侵害された個人が条約の実施機関に対して直接訴えを起こし、侵害国の責任を問うことができる制度。

グリーンピース・ジャパンとは？
グリーンピースは、「グリーン」（持続可能）で「ピース」（平和）な社会を実現するために世界 40 カ国で活動する国際環境 NGO です。気候変動とエネルギー問題の解決、海洋生態系や原生林の保護、遺伝子組み換えがおよぼすリスクの防止、有害物質の排出・拡散防止、平和と軍縮を追求する活動などを行なっています。市民の立場で活動するため、政府・企業から資金援助を受けず、個人の方々からの支援で活動しています。
連絡先：〒160-0023 東京都新宿区西新宿 8-13-11 ＮＦビル２Ｆ
　　　　Tel：03-5338-9800/Fax：03-5338-9817
ウェブサイト：http://www.greenpeace.or.jp

GENJIN ブックレット57
刑罰に脅かされる表現の自由
NGO・ジャーナリストの知る権利をどこまで守れるか？

2009 年 11 月 15 日　第 1 版第 1 刷発行

編　者	グリーンピース・ジャパン
監修者	海渡雄一
発行人	成澤壽信
編集人	桑山亜也
発行所	株式会社 現代人文社

〒160-0004
東京都新宿区四谷 2-10 八ッ橋ビル 7 階
Tel 03-5379-0307（代）　Fax 03-5379-5388
E-mail henshu@genjin.jp（編集）　hanbai@genjin.jp（販売）
Web http://www.genjin.jp
郵便振替口座 00130-3-52366

発売所	株式会社 大学図書
印刷所	株式会社 ミツワ

ブックデザイン Malpu Design（渡邊雄哉）
表紙写真提供 © Greenpeace/Naomi Toyoda（表 1）
　　　　　　 © Greenpeace/Jeremy Sutton-Hibbert（表 4）

検印省略　Printed in JAPAN
ISBN978-4-87798-432-8 C0036
© 2009 Greenpeace Japan

本書の一部あるいは全部を無断で複写・転載・転訳載などをすること、または磁気媒体等に入力することは、法律で認められた場合を除き、著作者および出版者の権利の侵害となりますので、これらの行為をする場合には、あらかじめ小社または編集者宛に承諾を求めてください。